AF546199

Die RÄTSEL der TOTEN

Für Tegen.
Weil brilliante Lektor:innen nie die verdiente Anerkennung bekommen.
M.R.

Für Duck Duck Moose, Inc. x
G.W.

Mit besonderem Dank an Dr. Daniel Antoine vom British Museum
für seinen Beitrag und seine Ratschläge.

Dieses Buch ist Teil unseres Programms E. A. SEEMANNs BILDERBANDE.
Es umfasst Bücher und Spiele, die Kindern mit viel Spaß die bunte Welt der Kultur eröffnen:
Malerei, Architektur und Kulturgeschichte, Musik, Oper, Theater und Tanz.
Die BILDERBANDE macht Sachbilderbücher zum Entdecken,
Geschichten zum Vorlesen und Spiele.
Mehr erfahren Sie auf www.seemann-henschel.de,
wo wir auch zum Thema „Kunst für Kinder" bloggen.
www.facebook.com/seemanns.bilderbande
www.instagram.com/seemann_henschel_verlagsgruppe

Erstmals erschienen 2022 bei Nosy Crow Ltd., London, unter dem Titel
Secrets of the Dead. Mummies and Other Human Remains From Around the World.
Diese Lizenz wird in Zusammenarbeit mit Nosy Crow Limited veröffentlicht.

Das Buch entstand in Zusammenarbeit mit dem British Museum.

Text © Matt Ralphs 2022
Illustrationen © Gordy Wright 2022

Deutsche Ausgabe © 2022 E. A. Seemann Verlag
in der E. A. Seemann Henschel GmbH & Co. KG, Leipzig

Projektmanagement: Caroline Keller, Nora Schröder
Lektorat: Laura Kaiser, Nora Schröder
Übersetzung: Stefanie Brägelmann, Erftstadt
Satz: Gudrun Hommers, Berlin

Bibliografische Information der Deutschen Nationalbibliothek
Die Deutsche Nationalbibliothek verzeichnet diese Publikation
in der Deutschen Nationalbibliografie; detaillierte bibliografische Daten
sind im Internet über http://dnb.dnb.de abrufbar.

Die Verwertung der Texte und Bilder, auch auszugsweise, ist ohne Zustimmung
der Rechteinhaber urheberrechtswidrig und strafbar. Dies gilt auch für Vervielfältigungen,
Übersetzungen, Mikroverfilmungen und für die Verarbeitung mit elektronischen Systemen.

978-3-86502-469-5

The British Museum

Matt Ralphs • Gordy Wright

Die RÄTSEL der TOTEN

Berühmte Mumien und uralte Rituale aus aller Welt

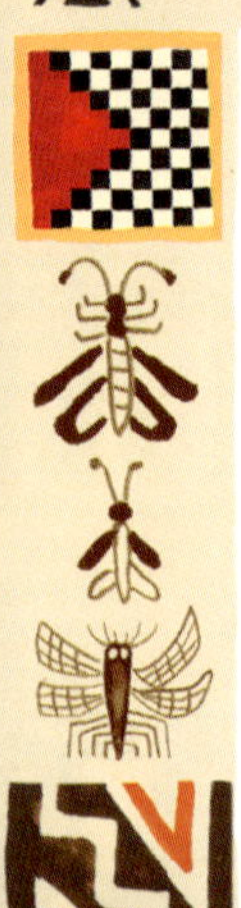

Inhalt

Europa und der Mittlere Osten

Asien

Die Toten stellen sich vor

Die Gebeine unserer Vorfahren finden wir überall. Sie ruhen auf Friedhöfen, in Kirchen und Tempeln, Steingräbern und Grabhügeln. Seit jeher war es den meisten Kulturen wichtig, die Toten mit Sorgfalt zu behandeln, und es gab viele Methoden, sterbliche Überreste entweder zur Ruhe zu betten, zu konservieren oder respektvoll zu entsorgen.

Manchmal werden Knochen sogar zu Kunstwerken umgearbeitet und ausgestellt. In der Michaelskapelle in Hallstatt, Österreich, gibt es Hunderte von schön bemalten Schädeln, von denen einige mit Kränzen, Blumen, bunten Kreuzen und dem Namen und dem Sterbejahr verziert sind. Heute beherbergen die Katakomben unter Paris – ehemalige Steinbrüche – die Gebeine von Millionen von Menschen, deren Schädel und Knochen dekorativ entlang der Wände aufgeschichtet wurden. Das uralte Skelett eines Mannes namens Pankratius wurde sogar mit einer Prunkrüstung ausgestattet.

Bemalte Schädel
Michaelskapelle, Österreich

Ägyptisches Skarabäus-Amulett
(gefunden von M. Ralphs)

St. Pankratius
St. Nikolauskirche, Schweiz

Wenn jemand stirbt, zersetzt sich mit der Zeit das weiche Körpergewebe, sodass nur das Skelett – Schädel, Knochen und Zähne – übrig bleiben. Mumifizierte Leichen sind jedoch vollständiger, weil auch die Weichteile erhalten geblieben sind. Eine Mumie offenbart uns etwas über die Person, die sie einmal war, etwas über die Zeit und den Ort, an dem sie gelebt hat, über ihre Nahrung und die Krankheiten, an denen sie litt.

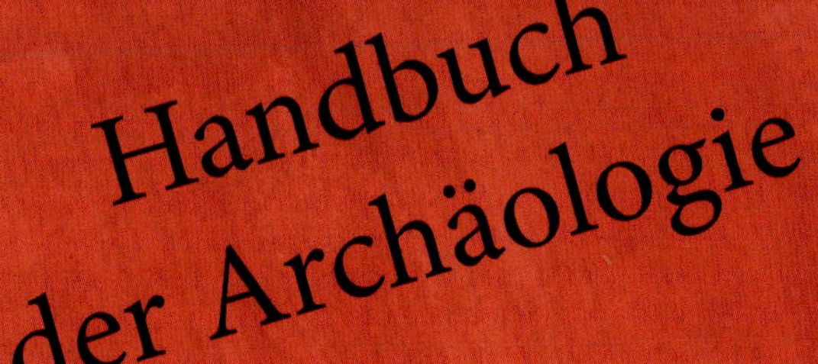

Handbuch der Archäologie

Chinesischer Goldring
(gefunden von N. Crow)

Die Schöne von Xiaohe
Taklamakan-Wüste, China

Ötzi – Der Mann aus dem Eis
Ötztaler Alpen, Italien

Manche Mumien sind zufällig, auf natürliche Weise entstanden. Ein Mann, der Ötzi genannt wird, starb hoch in den norditalienischen Alpen, an der Grenze zu Österreich; er war 5000 Jahre lang mit Eis bedeckt, das ihn und sogar seine Tattoos konservierte. Andere wurden absichtlich mumifiziert, um ihren Körper vor Verwesung zu bewahren, wie bei den alten Ägyptern. Aber auch andere Kulturen präparierten ihre Toten, um sie zu erhalten – wie die geheimnisvollen Chinchorro in Südamerika oder die Skythen in Sibirien.

Eisenzeit
Feuerstein
Pfeilspitze
(gefunden von G. Wright)

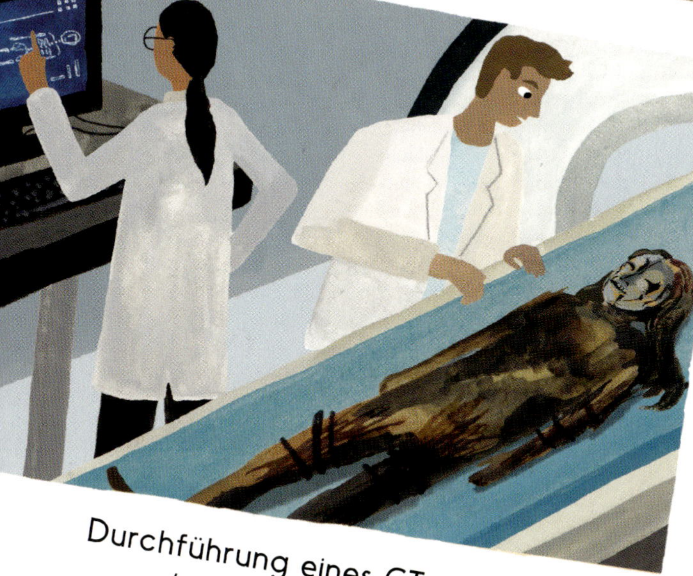

Durchführung eines CTs
London, England

Mumien faszinieren die Lebenden seit Jahrhunderten. Wohlhabende Viktorianer veranstalteten sogar „Auspackpartys", bei denen man zusah, wie ägyptische Mumien von ihren Leinenbinden befreit wurden. Heute behandelt man die Toten mit mehr Respekt, und wenn Archäologen und Archäologinnen die empfindlichen menschlichen Überreste untersuchen, setzen sie moderne Technologien wie Röntgenstrahlen und CT-Scans ein, um Schäden zu vermeiden.

Dieses Buch präsentiert dir die erstaunlichen Entdeckungen der Forscher und Forscherinnen und enthüllt die zahlreichen Geheimnisse der Toten.

Tutanchamun

Im November 1922 spähte der britische Archäologe Howard Carter durch ein Loch in eine versiegelte Grabkammer. Als sich seine Augen an die Dunkelheit gewöhnt hatten, erblickte er eine riesige Sammlung außergewöhnlich schöner Gegenstände. Carters Begleiter fragte: „Kannst du etwas sehen?" Carter antwortete: „Ja, es ist wundervoll".

Carter hatte das Grab von Tutanchamun entdeckt, der 1333 v. Chr. mit etwa 9 Jahren König von Ägypten wurde. Er starb nur 10 Jahre später. Auf Wandmalereien jagt er wilde Tiere und kämpft in seinem Streitwagen; seine goldene Totenmaske zeigt ein schönes, edles Gesicht. Aber weil Kunst nicht immer die Realität darstellt, müssen wir seine Mumie untersuchen, um herauszufinden, wer er wirklich war.

Seine zerbrechlichen Überreste wurden in den 1920ern bei Untersuchungen beschädigt. Heute kann man mithilfe von Computern und Röntgengeräten weit mehr über den Kindkönig herausfinden, ganz ohne ihn zu berühren. Bei diesen Untersuchungen kam keineswegs der energische Krieger von den Malereien zum Vorschein. Tutanchamun war mager, hatte schmale Schultern und breite Hüften.

Tutanchamun hatte wohl eine Knochenkrankheit, die seine Zehen deformierte und seinen linken Fuß nach innen verdrehte. Wahrscheinlich ging er unter großen Schmerzen am Stock. Außerdem litt er vermutlich an Malaria, einer schrecklichen Krankheit, die durch Mückenstiche übertragen wird und phasenweise Übelkeit, Kopfschmerzen und Fieber verursacht.

Scans zeigen, dass er sich irgendwann den linken Oberschenkel gebrochen hat, vielleicht bei einem Sturz. Grund für seinen frühen Tod dürfte die Malaria, der Knochenbruch, eine Infektion oder eine Kombination von allem sein. Ganz genau wissen wir das aber nicht.

Man fand viele prächtige „Pektorale" in der Grabstätte. Das waren große Schmuckstücke, die auf der Brust getragen wurden.

In der Grabkammer fand man 130 Stöcke. Manche dienten als Gehstock und andere dazu, Schlangen zu töten.

Viele der Grabbeigaben waren mit dem „Udjat-" oder „Horusauge" verziert, einem Symbol für Schutz und Gesundheit.

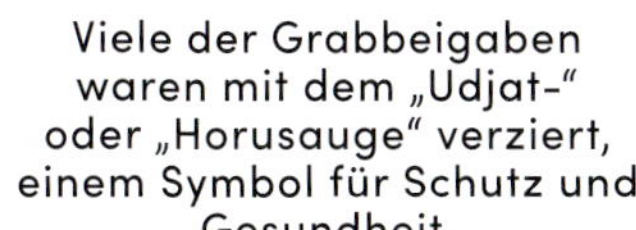

Von einem eisernen Dolch mit goldener Zierscheide wird vermutet, dass er aus einem Meteoriten hergestellt wurde.

Man fand ein Paar Sandalen mit den Porträts von Tutanchamuns Feinden auf der Sohle.

Tutanchamun ist heute in der ganzen Welt bekannt und berühmter als zu seinen Lebzeiten. Von überall kommen Menschen, um die zerbrechlichen und faszinierenden Überreste eines jungen Mannes zu bestaunen, der vor über 3300 Jahren Herrscher einer der mächtigsten Zivilisationen der Erde war.

Ramses der Große

Ramses II. wurde während seiner 66-jährigen Herrschaft (1279–1213 v. Chr.) wie ein Gott verehrt. Er gewann viele Schlachten und errichtete prächtige Tempel, Monumente und Statuen. Unter ihm war Ägypten so mächtig wie nie.

Aber auch gottgleiche Könige sterben und als Ramses im Alter von etwa 90 Jahren starb, wurde er in einem der Felsengräber im Tal der Könige beigesetzt. Später mehrmals umgebettet, wurde er schließlich in ein geheimes Grab überführt, wo er ungestört lag, bis ihn Dorfbewohner Ende des 19. Jahrhunderts zufällig entdeckten.

Ramses' gut erhaltener Körper verrät uns, wie er zu Lebzeiten aussah. Er war 1,70 Meter groß, mit scharfen Gesichtszügen, einem kräftigen Kiefer und einer Adlernase. Am Hinterkopf und den Seiten hat er noch dichtes welliges Haar, an den Schläfen nur spärliche Büschel und der Oberkopf ist kahl. Sein einst weißes Haar ist jetzt rötlich und verfärbte sich wohl beim Mumifizierungsprozess.

Auch ein mächtiger König wie Ramses litt an ganz gewöhnlichen Krankheiten. Zum Beispiel an Arthritis, einer schmerzhaften Krankheit, bei der die Gelenke anschwellen, weshalb er nur gebückt gehen konnte. Mit der Zeit verengten sich aufgrund von Fettablagerungen seine Arterien. Die dadurch verursachte schlechte Durchblutung erhöhte sein Risiko für Herzkrankheiten. Man stellte auch fest, dass er einen schmerzhaften Zahnabszess hatte, der entsteht, wenn sich aufgrund einer Infektion Eiter im Kieferknochen bildet.

Selbst nach 3200 Jahren sieht Ramses noch immer aus wie ein König. Sein markantes Gesicht ist stolz und würdevoll. Die in Leinen gewickelten Hände sind sehr gut erhalten, und durch die Art, wie er sie vor der Brust hält, sieht dieser große Pharao aus, als würde er gleich aufwachen und sich bewegen.

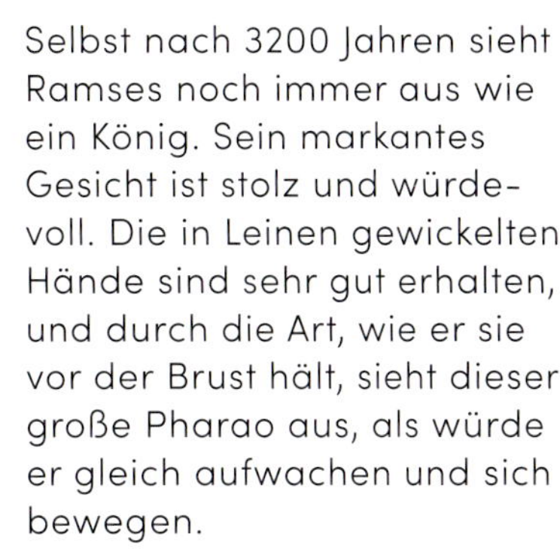

Ramses wurde im Tal der Könige begraben, in dem Grab, das heute KV7 heißt. Es befindet sich gegenüber dem Grab seiner vielen Söhne, das mit mindestens 130 Kammern das größte im Tal ist. Die Wände sind reich bebildert, zum Beispiel mit der Mundöffnungszeremonie (Seite 17) und mit Ramses selbst. Die einzigen gefundenen Gegenstände sind eine hölzerne Uschebti-Figur, Glasscherben, Deckel von Gefäßen und Statuenfragmente. Leider wurde die Ruhestätte von Ramses im Laufe der Jahre durch Überschwemmungen beschädigt.

Der Gebelein-Mann

Einer der ersten Ägypter, dessen Körper erhalten blieb, starb vor 5500 Jahren mit etwa 19 Jahren, lang bevor die Herrschaft der Pharaonen um 3000 v. Chr. begann. Als er im späten 19. Jahrhundert ausgegraben wurde, bekam er den Namen Gebelein-Mann, weil man ihn in der Nähe der Stadt Gebelein fand. Seinen wahren Namen werden wir nie erfahren, aber vieles andere über ihn, wenn wir seine unglaublich gut erhaltenen Überreste untersuchen.

Der Gebelein-Mann wurde in einem flachen Wüstengrab beigesetzt. Sein Volk legte ihn nach Westen gewandt auf die Seite. Er hat ein gesundes Gebiss und rote Haarbüschel auf dem Kopf. Seine Beine sind angezogen und eine Hand bedeckt sein Gesicht, als wolle er sich vor dem Licht schützen.

Durch seine fleckige, pergamentartige Haut ist die Form seiner Knochen deutlich zu erkennen. CT-Scans zeigten, dass sein Schädel noch die getrockneten Überreste seines Gehirns enthält.

Was wie ein Fleck auf seinem Oberarm aussieht, ist in Wirklichkeit eines der ältesten Tattoos der Welt. Es zeigt einen Stier und ein Mähnenschaf.

Der Gebelein-Mann blieb aufgrund natürlicher Einflüsse so außerordentlich gut erhalten. Heißer Wüstensand und Dürre trockneten seinen Körper aus und verhinderten seine Verwesung. Einige Archäologen und Archäologinnen glauben, dass der Fund solcher natürlich entstandener Mumien die alten Ägypter auf die Idee brachte, ihre Toten absichtlich zu konservieren.

Im British Museum wird der Gebelein-Mann inmitten von Gegenständen gezeigt, mit denen Verstorbene damals manchmal bestattet wurden: mit Mustern und Bildern verzierte Tontöpfe und Krüge sowie Schmuck aus handgemachten Perlen.

2012 erstellten Wissenschaftler mit dem CT-Scanner, einem Röntgengerät, ein unglaublich detailreiches 3D-Bild des Gebelein-Mannes. Es enthüllte die dunkle Wahrheit über den Tod dieses jungen Mannes. Eine Stichwunde unter seinem linken Schulterblatt beweist, dass er mit einem Kupfer- oder Feuersteinmesser getötet wurde. Die Wucht des Stoßes war so stark, dass eine Rippe gebrochen und die Lunge darunter durchstochen wurde. Da er von hinten angegriffen wurde, hat er den Hieb wahrscheinlich nicht einmal kommen sehen. Wer der Mörder war oder weshalb der Gebelein-Mann getötet wurde, bleiben für immer ungelöste Geheimnisse.

Die Konservierung der Toten

In ihrer 3000 Jahre währenden Zivilisation perfektionierten die alten Ägypter die Kunst, ihre Toten zu konservieren. Wenn wir eine Mumie entdecken, erhalten wir nicht nur unbezahlbare historische Informationen aus der fernen Vergangenheit, sondern blicken in die Gesichter von Menschen, die einst lebten, sprachen und lächelten wie wir.

Eines Königs würdig

Die effektivste Mumifizierungsmethode konnten sich nur Pharaonen, ihre Familien und wohlhabende Personen leisten. Sie war aufwendig, kompliziert und erforderte viel Zeit und Geschick. Der Körper sollte vor der Verwesung bewahrt werden, indem man Wasser und einige der inneren Organe entfernte. Diese heikle Arbeit führten spezielle Einbalsamierer durch (einbalsamieren bedeutet mumifizieren).

Entnahme des Gehirns

Nachdem der Leichnam gewaschen war, entfernten die Einbalsamierer als Erstes das Gehirn. Sie führten einen langen Stab mit einem Haken durch das Nasenloch des Toten tief in den Schädel. Das Gehirn wurde dann vorsichtig daran herausgezogen und die restliche Flüssigkeit konnte durch die Nase ablaufen.

Organentnahme

Der Einbalsamierer machte dann einen Schnitt in die Körperseite und zog Lunge, Leber, Magen und Darm heraus (Kanopengefäße, Seite 16). Die Organe waren glitschig und der von den Einbalsamierern verwendete Weihrauch verdeckte den Geruch bestimmt nicht vollständig. Das Herz, von dem die Ägypter glaubten, es sei Sitz von Seele, Erinnerungen und Intelligenz, wurde in der Brust belassen – die Person würde es im Jenseits brauchen.

Fleischtrocknung

Nach dem Waschen mit Duftölen wurde das Innere des Körpers mit Beuteln voller Natron – einer Art Salz – gefüllt, um das weiche Körpergewebe auszutrocknen. Anschließend bedeckten die Einbalsamierer den Körper mit weiterem Natron, das ihm die gesamte Feuchtigkeit entzog und so Fäulnis verhinderte.

Nach etwa 40 Tagen wurde das Natron entfernt und ein völlig ausgetrockneter Körper kam zum Vorschein. Zwar verschrumpelt und zerbrechlich, mit brüchigem Haar, dunkler lederartiger Haut und knochendürren Gliedmaßen – aber immer noch als Person erkennbar. Die Haut wurde mit Ölen geschmeidig gemacht und manchmal wurden falsche Augen aus farbigem Glas in die Augenhöhlen gesetzt.

Schutz des Körpers

Dann wickelte man den Körper in Hunderte Meter Leinen. Das dauerte mehrere Tage und erforderte große Sorgfalt. Finger und Zehen wurden einzeln mit dünnen Streifen umwickelt, erst dann folgten die eigentlichen Schichten. Einige der Leinenschichten wurden mit Baumharz (einer klebrigen Substanz, die mit der Zeit aushärtet) und Öl bestrichen, um den Leichnam zu konservieren. Außerdem wurden magische Amulette auf den Körper gelegt und mit eingewickelt, um ihn vor bösen Geistern zu schützen.

Manchmal setzte man der Mumie eine Totenmaske auf den Kopf. Diese waren oft aus Gold und Edelsteinen, hatten große Augen und einen friedlichen Gesichtsausdruck. Nach 70 Tagen war der konservierte, geschützte und maskierte Leichnam bereit, den Göttern im Jenseits zu begegnen.

Kanopengefäße

Die Ägypter glaubten, dass die Seele eines Toten nur mit einem konservierten Körper (der Mumie) und intakten inneren Organen ins Jenseits gelangte. Nach der Entnahme trockneten die Balsamierer die Organe mit Natron und wickelten sie in Leinenstreifen. So waren sie vor dem Verfall geschützt und wurden auf dem oder wieder im Körper platziert.

Manchmal bewahrte man sie auch separat in Stein- oder Tongefäßen, den Kanopen, auf. Die Deckel dieser Gefäße waren oft in Form der Köpfe der vier Schutzgötter gestaltet:

Der menschenköpfige Amset bewachte die Leber.

Der paviansköpfige Hapi bewachte die Lunge.

Der falkenköpfige Kebechsenuef bewachte die Gedärme.

Der schakalköpfige Duamutef bewachte den Magen.

Tiermumien

Im alten Ägypten wurden auch Tiere wie Paviane und Krokodile mumifiziert, denn sie galten als eng mit den Göttern verbunden. Tausende (im Fall von Katzen sogar Millionen) wurden anschließend als Opfergaben in Tempel gebracht. Ihre Körper wurden getrocknet, mit Sand und Erde gefüllt und in Leinen gewickelt.

Leben, Tod, Jenseits

Die alten Ägypter bauten riesige Pyramiden und meißelten für ihre Toten Gräber in Felsgestein. Das war teuer, erforderte Tausende von Arbeitern und die Fertigstellung dauerte oft Jahrzehnte. Warum investierte man so viel Zeit und Energie in Gebäude, die nur für die Toten bestimmt waren? Die Antwort liegt im damaligen Glauben an das Leben, den Tod und das Leben nach dem Tod.

Man glaubte damals, dass der Tod nicht das Ende war, sondern das Tor zu einem wunderbaren neuen Zuhause. Stell dir goldene Felder vor, die in der Brise wogen, einen breiten blauen Fluss, in dem sich blauer Himmel spiegelt, die Wärme der Sonne im Rücken und Honiggeschmack auf den Lippen. Dieses ewige Glück im Jenseits (eines von vielen, an das die Ägypter im Laufe ihrer Geschichte glaubten) wurde das Schilfrohrfeld genannt und jeder, vom Bauern bis zum Pharao, wollte dorthin gelangen.

Ein alter Ägypter wusste genau, was zu tun war, um nach seinem Tod das Schilfrohrfeld zu erreichen. Zuallererst musste sein Leichnam mumifiziert werden, damit er seinem Geist als ewige Behausung dienen konnte.

Dann wurde die Seele des Menschen – die den Körper beim Tod verlassen hatte – zur Rückkehr ermutigt. Hierfür wurde bei der Totenfeier das sogenannte Mundöffnungsritual durchgeführt. Um die Sinne zu erwecken, berührte der Priester Augen, Ohren, Nase und Mund der Mumie mit einem heiligen Werkzeug und lud so die Seele ein, wieder in den Körper einzutreten. Wenn Körper und Seele vereint waren und ihre Sinne wieder wach, galt die Mumie als lebendig.

Die Verstorbenen mussten dann aus der Gruft durch ein gefährliches Schattenreich voller Dämonen, Fallen und brennender Seen zur „Halle der Vollständigen Wahrheit" gelangen. Dort trafen sie Osiris, den Gott der Unterwelt, und mussten sich der Zeremonie „Wiegen des Herzens" stellen.

Das Herz der Person wurde in die Waagschale gelegt: War es schwer von Sünde, kippte die Waage und die Person starb einen „zweiten Tod". Hatte sie jedoch ein gutes Leben geführt, blieb die Waage im Gleichgewicht und Osiris gewährte ihr Einlass ins Schilfrohrfeld, um für immer in vollkommenem Glück zu leben.

Altägyptische Totengötter

Anubis: Schakalköpfiger Gott des Totenkultes, der Mumifizierung und der Toten.

Osiris: Menschenköpfiger Gott der Fruchtbarkeit, der Auferstehung und des Jenseits.

Thot: Ibisköpfiger Gott der Schreibkunst, der das Ergebnis beim Wiegen des Herzens notierte.

Ammut: Krokodilköpfige Göttin, die die Herzen der unwürdigen Toten verschlang.

Die Häuser der Toten

Im Laufe der Jahrtausende änderte sich die Bauweise der Pharaonengräber. Wie sie auch gestaltet sein mochten, sie mussten trocken, stabil und sicher genug sein, um den Körper und die Schätze daneben für die Ewigkeit zu bewahren.

Mastabas

Die ersten Pharaonen wurden in Mastabas beigesetzt. Das waren große Grabbauten aus Lehmziegeln mit schrägen Wänden und einem flachen Dach. Der Leichnam ruhte, sicher vor Aasfressern, in einer Kammer, tief im Boden. Mastabas waren zwar imposant, aber bei Weitem nicht so bemerkenswert wie das, was sich die Ägypter als nächstes einfallen ließen.

Die Stufenpyramide

Pharao Djoser (er regierte 2630-2611 v. Chr.) wollte in keiner traditionellen Mastaba bestattet werden, daher befahl er seinem Chefarchitekten Imhotep, etwas Spektakuläres zu entwerfen. Der gehorchte und setzte fünf Kalksteinschichten – jede kleiner als die darunter – auf eine bestehende Mastaba und schuf so die erste Pyramide überhaupt. Seine Stufenpyramide war so gelungen, dass sie auch heute noch steht, nach 4700 Jahren.

Geheime Grabstätten

Die spektakulären Pyramiden der Pharaonen waren ein leichtes Ziel für Diebe und die meisten wurden bald ihrer Schätze beraubt. Daher versuchten die Pharaonen ab dem 16. Jahrhundert v. Chr., ihre Kostbarkeiten sicher zu verwahren, indem sie geheime Gräber in die Felsen des Tals der Könige bauen ließen.

Treppen, Gänge, Schatz- und Grabkammern wurden in den Fels gemeißelt, glatt verputzt und dann aufwendig mit Hieroglyphen (dem Schriftsystem der alten Ägypter) und bunten Götterbildern bemalt.

Die Große Pyramide

Imhoteps revolutionäres Design brachte den Trend zum Pyramidenbau ins Rollen. Später führte ein Pharao namens Sneferu (er regierte 2575–2551 v. Chr.) Pyramiden mit glatten, schrägen Seiten aus poliertem Kalkstein ein. Es folgten viele weitere dieser Art, die größte und spektakulärste war die Große Pyramide des Pharao Cheops in Gizeh, das einzige erhaltene antike Weltwunder.

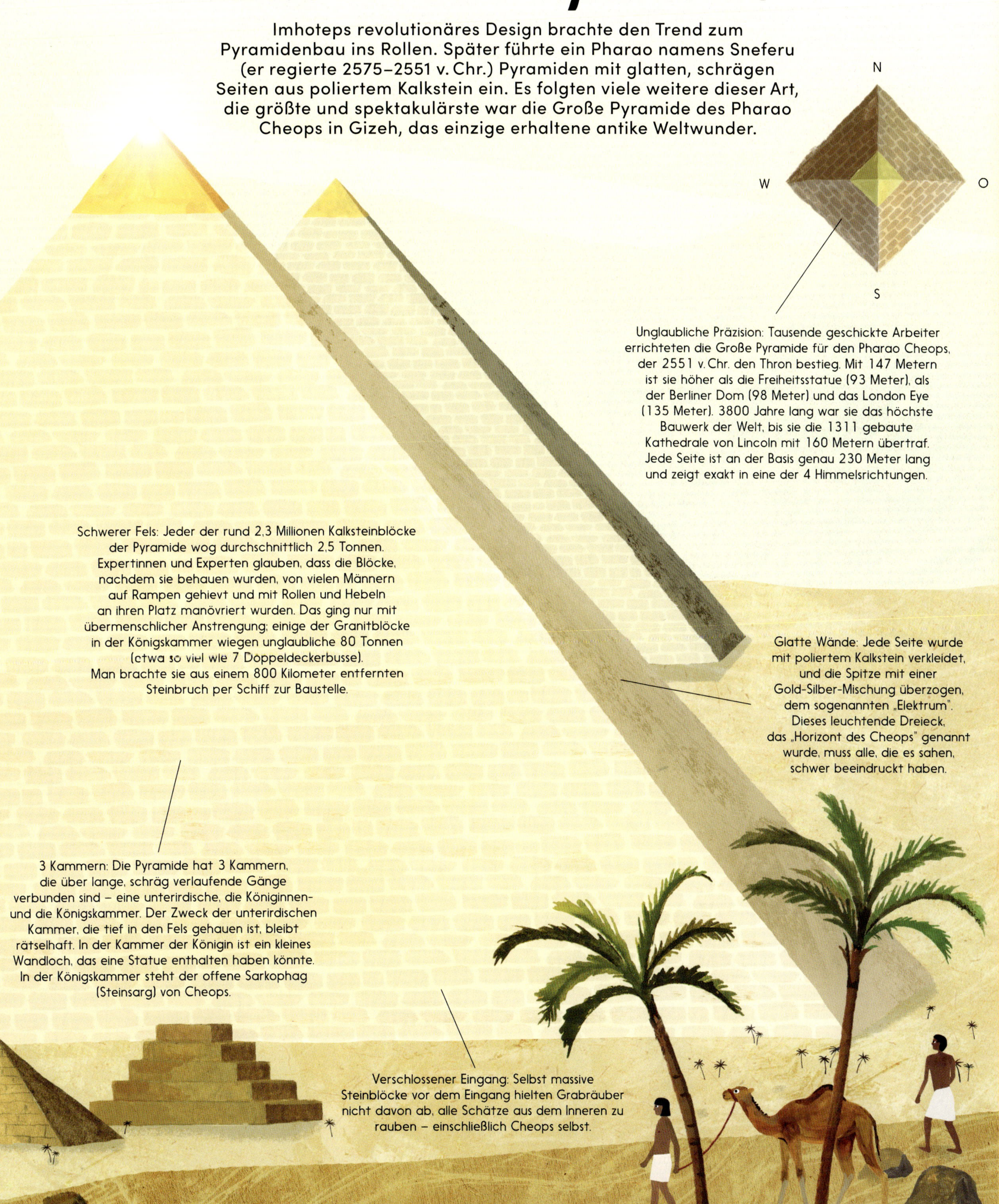

Unglaubliche Präzision: Tausende geschickte Arbeiter errichteten die Große Pyramide für den Pharao Cheops, der 2551 v. Chr. den Thron bestieg. Mit 147 Metern ist sie höher als die Freiheitsstatue (93 Meter), als der Berliner Dom (98 Meter) und das London Eye (135 Meter). 3800 Jahre lang war sie das höchste Bauwerk der Welt, bis sie die 1311 gebaute Kathedrale von Lincoln mit 160 Metern übertraf. Jede Seite ist an der Basis genau 230 Meter lang und zeigt exakt in eine der 4 Himmelsrichtungen.

Schwerer Fels: Jeder der rund 2,3 Millionen Kalksteinblöcke der Pyramide wog durchschnittlich 2,5 Tonnen. Expertinnen und Experten glauben, dass die Blöcke, nachdem sie behauen wurden, von vielen Männern auf Rampen gehievt und mit Rollen und Hebeln an ihren Platz manövriert wurden. Das ging nur mit übermenschlicher Anstrengung: einige der Granitblöcke in der Königskammer wiegen unglaubliche 80 Tonnen (etwa so viel wie 7 Doppeldeckerbusse). Man brachte sie aus einem 800 Kilometer entfernten Steinbruch per Schiff zur Baustelle.

Glatte Wände: Jede Seite wurde mit poliertem Kalkstein verkleidet, und die Spitze mit einer Gold-Silber-Mischung überzogen, dem sogenannten „Elektrum". Dieses leuchtende Dreieck, das „Horizont des Cheops" genannt wurde, muss alle, die es sahen, schwer beeindruckt haben.

3 Kammern: Die Pyramide hat 3 Kammern, die über lange, schräg verlaufende Gänge verbunden sind – eine unterirdische, die Königinnen- und die Königskammer. Der Zweck der unterirdischen Kammer, die tief in den Fels gehauen ist, bleibt rätselhaft. In der Kammer der Königin ist ein kleines Wandloch, das eine Statue enthalten haben könnte. In der Königskammer steht der offene Sarkophag (Steinsarg) von Cheops.

Verschlossener Eingang: Selbst massive Steinblöcke vor dem Eingang hielten Grabräuber nicht davon ab, alle Schätze aus dem Inneren zu rauben – einschließlich Cheops selbst.

Die Llullaillaco-Jungfrau

1999 wurde auf dem Gipfel eines Berges im Nordwesten Argentiniens, Südamerika, der nahezu perfekt erhaltene Körper eines jungen Inka-Mädchens entdeckt. Sie saß leicht gebeugt, mit geschlossenen Augen, friedlichem Gesichtsausdruck und den Händen im Schoß und sah aus, als ob sie schliefe. Welche Umstände führten vor 500 Jahren zu ihrem Tod an einem so kalten und einsamen Ort?

Die Inka schufen in den feucht-warmen Dschungeln und schneebedeckten Bergen Südamerikas ein Reich, das von 1438 bis 1533 existierte. Etwa 12 Millionen Menschen wurden von einem allmächtigen Herrscher, dem Sapa Inka, regiert. Sie waren beeindruckende Baumeister und errichteten monumentale Steinfestungen wie Machu Picchu und ein riesiges Straßennetz, das über unwegsamste Gelände führte – und das alles ohne die Hilfe von Eisenwerkzeugen oder dem Rad. Die meisten Inka lebten in Dörfern. Sie bauten Mais und Kartoffeln an, hüteten Alpakas, feierten Feste, brauten Bier, musizierten und webten schön gemusterte Stoffe.

Im Alltag spielten die Inka-Götter eine große Rolle. Sie wurden oft mit der Pflanzen- und Tierwelt und der Landschaft, insbesondere den Bergen, in Verbindung gebracht. Da die Götter den Regen und die Ernten bestimmten, war es wichtig, sie mit Gebeten und Opfergaben in Form von Speisen, Getränken und manchmal auch Tieren bei Laune zu halten.

Die Idee, der Natur etwas zurückzugeben, war ein wichtiger Bestandteil im Leben der Inka und alle brachten täglich Opfer, um Gesundheit und Glück für die Familie zu sichern. Die Inka glaubten auch, dass den Göttern eine Tasse Bier und ein Stück Lamafleisch manchmal nicht reichte.

Wiraqucha: Der oberste Gott der Inka schuf die Erde, Himmel, Sonne, Mond und alle Lebewesen.

Inti: Der Sonnengott bringt Wärme und Licht, die für das Gedeihen der Feldfrüchte sorgen.

Mama Killa: Die Göttin der Liebe und Ehe und Beschützerin der Frauen.

Pachamama: Die Fruchtbarkeitsgöttin schützt Schwangere und Babys und wacht über die Ernte eines jeden Jahres.

Supay: Der Gott des Todes und Herrscher der Unterwelt.

Das Leben eines Kindes war das Wertvollste, was die Inka den Göttern schenken konnten. Diese bedeutsame Entscheidung trafen die Herrschenden, und sie taten es nur sehr selten. Vermutlich sollten die Götter für reiche Ernten sorgen oder man dachte, sie seien zornig und wollte sie besänftigen. Um das perfekte Kind für die Opfergabe zu finden, schickte der Herrscher seine Vertreter in die entlegensten Winkel seines Reiches.

Vor etwa 500 Jahren wurde ein etwa 15-jähriges Mädchen auserwählt, das wir heute La Doncella (Die Jungfrau) nennen. Wir wissen nicht viel von ihr, etwa wie sie hieß oder woher sie kam. Wir wissen nicht, wie sie als Mensch war oder wie es sich für sie anfühlte, als Opfergabe für die Götter bestimmt zu sein. Aber wir wissen, was mit ihr in den letzten Monaten ihres Lebens und den letzten Momenten vor ihrem Tod geschah.

Nach ihrer Wahl wurde La Doncella in die Hauptstadt Cusco gebracht, um sie dort vorzubereiten. Man behandelte sie wie eine Königin. Sie aß nicht mehr nur Kartoffeln und Gemüse, sondern Festessen mit Fleisch und Mais. Sie trug edle Gewänder, wohnte in einem abgelegenen Tempel und nahm an religiösen Zeremonien mit dem Herrscher höchstpersönlich teil.

Priester entschieden, wann sie bereit war, zu ihrer Opferstätte zu gehen – einem Berg namens Llullaillaco, 1300 Kilometer entfernt. Diese schwierige Reise zu Fuß sollte viele Monate dauern. La Doncella trug einen prachtvollen Kopfschmuck aus weißen Federn und führte eine Schar von Priestern, königlichen Beamten und Dienern von Dorf zu Dorf, wo man Feste, Musik und religiöse Rituale ihr zu Ehren veranstaltete.

Die letzte Etappe war anstrengend und führte die felsigen Hänge des Llullaillaco hinauf, wo die Luft dünn und das Atmen schwer wurde. Um sie zu stärken, gab man La Doncella Coca-Blätter zu kauen (einige fand man halbzerkaut in ihrem Mund).

Obwohl man sie wie eine Prinzessin behandelte, wusste La Doncella wohl, dass ihr Leben bald enden würde. Wir werden nie erfahren, was sie fühlte, als sie auf die Welt zu ihren Füßen blickte. Spürte sie die Götter? War sie stolz, auserwählt worden zu sein? Traurig, ihre Familie zu verlassen? Hatte sie Angst zu sterben? Vielleicht alles zusammen. Auf dem Gipfel führten die Priester eine Zeremonie durch und baten die Götter, dieses junge Mädchen, ihr wertvollstes Geschenk, anzunehmen.

Für besondere Zeremonien verwendeten die Inka verzierte Becher, um daraus zu trinken.

Nach einem Jahr der Vorbereitung, 1300 Kilometern Fußweg und dem 6705 Meter hohen Aufstieg auf den eisigen Berg, war es für La Doncella Zeit, ihr Schicksal zu erfüllen. Die Priester gaben ihr Chicha, ein starkes, fermentiertes Gebräu aus Mais, das ihre Sinne betäubte und sie benebelte. Die Kombination aus Chicha, Kälte und Erschöpfung bewirkte, dass sie bewusstlos wurde. Dann umwickelten die Priester ihren Kopf mit einem Tuch, damit sie aufhörte zu atmen ... und warteten.

Durch den Sauerstoffmangel dämmerte La Doncella wohl vom Schlaf in den Tod. Dann wurde sie mit ihrem Federkopfschmuck in einer Erdkammer eingeschlossen, bereit, von den Göttern empfangen zu werden.

Einem Kind das Leben zu nehmen, ist furchtbar, aber nicht aus Sicht der Inka. Sie glaubten, dass sie nicht wirklich tot war, auch wenn ihr Herz nicht mehr schlug. La Doncella lebte weiter und streifte frei durch die Berge, wachte über ihr Volk und beschützte es bis in alle Ewigkeit. Ihr Übergang ins Reich der Götter war ein Grund zur Freude, nicht zur Trauer.

La Doncella war eines von 3 Kinderopfern, die auf dem Berg gefunden wurden. Jedes Kind – 2 Mädchen und 1 Junge – war in einem Grab im Boden beigesetzt worden. Die Inka-Priester legten viele wertvolle Gegenstände, wie Schmuck, Goldstatuen und Speiseopfer zu den Kindern. Man fand außerdem wunderschöne Puppen mit Federschmuck und bunt gewebten Kostümen.

Mit CT-Scans kann man heute, durch ihre Kleidung und Haut hindurch, La Doncellas Knochen und Weichteile untersuchen. Die Kälte hatte sowohl ihre fein gewebte Alpakatunika als auch ihren Körper so vollständig konserviert, dass ihre Organe intakt waren und man noch Blut in ihren Adern fand – sogar ihr letzter Atemzug war noch in ihrer Lunge eingeschlossen.

Die Chinchorro-Mumien

Tausende von Jahren bevor die alten Ägypter die große Pyramide von Gizeh errichteten, mumifizierten Wüstenbewohner in einem ganz anderen Teil der Welt bereits ihre Toten. Sie lebten in kleinen Gruppen, jagten, fischten im Meer und schufen die ältesten Mumien der Welt.

Die Chinchorro lebten an der Westküste von Südamerika. Ihre Kultur überdauerte ab 7000 v. Chr. mehr als 5500 Jahre, ehe sie um 1500 v. Chr. unterging. Sie bewohnten einen schmalen Streifen fruchtbaren Landes zwischen den tosenden Wellen des Pazifik und dem endlosen Sand der Atacama-Wüste.

Das Meer gab ihnen den größten Teil ihrer Nahrung; sie jagten Seelöwen, um Fleisch, Stoßzähne und Felle zu erbeuten, tauchten nach Muscheln und fingen Fische mit Netzen, Harpunen und Haken aus Kaktusstacheln. Sie kannten weder Metalle noch Töpferwaren und stellten Werkzeuge aus Stein, Tierknochen und Muscheln her. Viele ihrer Mumien weisen Spuren einer Ohrenkrankheit auf, einer Knochenwucherung im Gehörgang, wohl durch häufiges Tauchen in kaltem Wasser verursacht.

Kaktusstacheln oder Muscheln wurden zu Angelhaken. Lange Speere, Harpunen genannt, wurden beim Fischfang eingesetzt.

Fischereiausrüstung

Die Grabbeigaben der Mumien belegen, dass das Meer die Hauptnahrungsquelle der Chinchorro war. Man fand alles, was zum Fischen nötig war, wie Haken, beschwerte Netze und Werkzeuge, um Schalentiere von den Felsen zu lösen.

Die Chinchorro waren wahrscheinlich die Ersten, die ihre Toten mumifizierten. Ihre drei Methoden – die schwarze, die rote und die Schlammtechnik – setzten Geduld, Geschick und gute Kenntnis des menschlichen Körpers voraus. Zu den Mumien, die man im Sand fand, gehörten Männer, Frauen, Kinder, alte Menschen und sogar Babys, die vor ihrer Geburt starben. Das zeigt, dass die Chinchorro alle Menschen nach dem Tod mit der gleichen Sorgfalt behandelten, egal wer oder wie alt sie waren.

Die Chinchorro beerdigten ihre Toten nicht direkt nach der Mumifizierung. Viele Mumien weisen Anzeichen von Bemalung und Reparaturen auf, was bedeutet, dass sie jahrelang bei den Lebenden aufbewahrt wurden. Für viele indigene südamerikanische Kulturen sind die Geister ihrer verstorbenen Vorfahren weiterhin ein präsenter und wichtiger Teil des täglichen Lebens. Mumien verkörpern diese noch immer gegenwärtigen Ahnen und können jederzeit von Freunden und Verwandten besucht werden.

Es scheint, dass die Toten den Chinchorro viel zu wichtig waren, um versteckt zu werden, und sie blieben auch nach ihrem Tod Teil der Gemeinschaft. Vielleicht glaubten die Chinchorro, dass die Toten eine Art spirituelle Kraft hatten, die man mit ihnen teilen konnte, wenn man sie in der Nähe behielt. Oder es war vielleicht einfach tröstlich für die Lebenden, ihre Lieben bei sich zu haben, sie anzusehen, mit ihnen zu sprechen und sie zu berühren.

Zerlegen und Trocknen des Körpers

Im Laufe der Jahrhunderte verwendeten die Chinchorro mehrere Mumifizierungstechniken. Bei einigen wurden Kopf, Gliedmaße und Haut vom Körper getrennt und verbleibende Weichteile entfernt. Arm- und Beinknochen wurden manchmal über einem schwelenden Feuer getrocknet, die Körperhöhle mit heißen Kohlen gefüllt und der Schädelinhalt durch Schlamm und Schilf ersetzt.

Wiederaufbau des Körpers

Sobald die Knochen trocken waren, wurde die Leiche wieder zusammengesetzt. Stöcke verstärkten Gliedmaßen und Wirbelsäule und der Schädel wurde am Hals befestigt. Dies erforderte tagelange sorgfältige Arbeit. Man goss Schlamm oder eine Paste aus Asche, Gras und Seelöwenblut über das Skelett, um einen menschlichen Körper nachzubilden. Wenn der Körper ausgeformt war, ließ man die Paste trocknen.

Maskierung des Körpers

Oft legte man die Haut wieder über die Gliedmaßen und den Oberkörper. Der Kopf wurde mit einer Menschenhaarperücke bedeckt und der Körper schwarz oder rot bemalt. Dann legte man eine Tonmaske auf das Gesicht. Bei einigen Masken waren Augen und Münder geschlossen, bei anderen weit aufgerissen, sodass es aussah, als sei die Mumie lebendig.

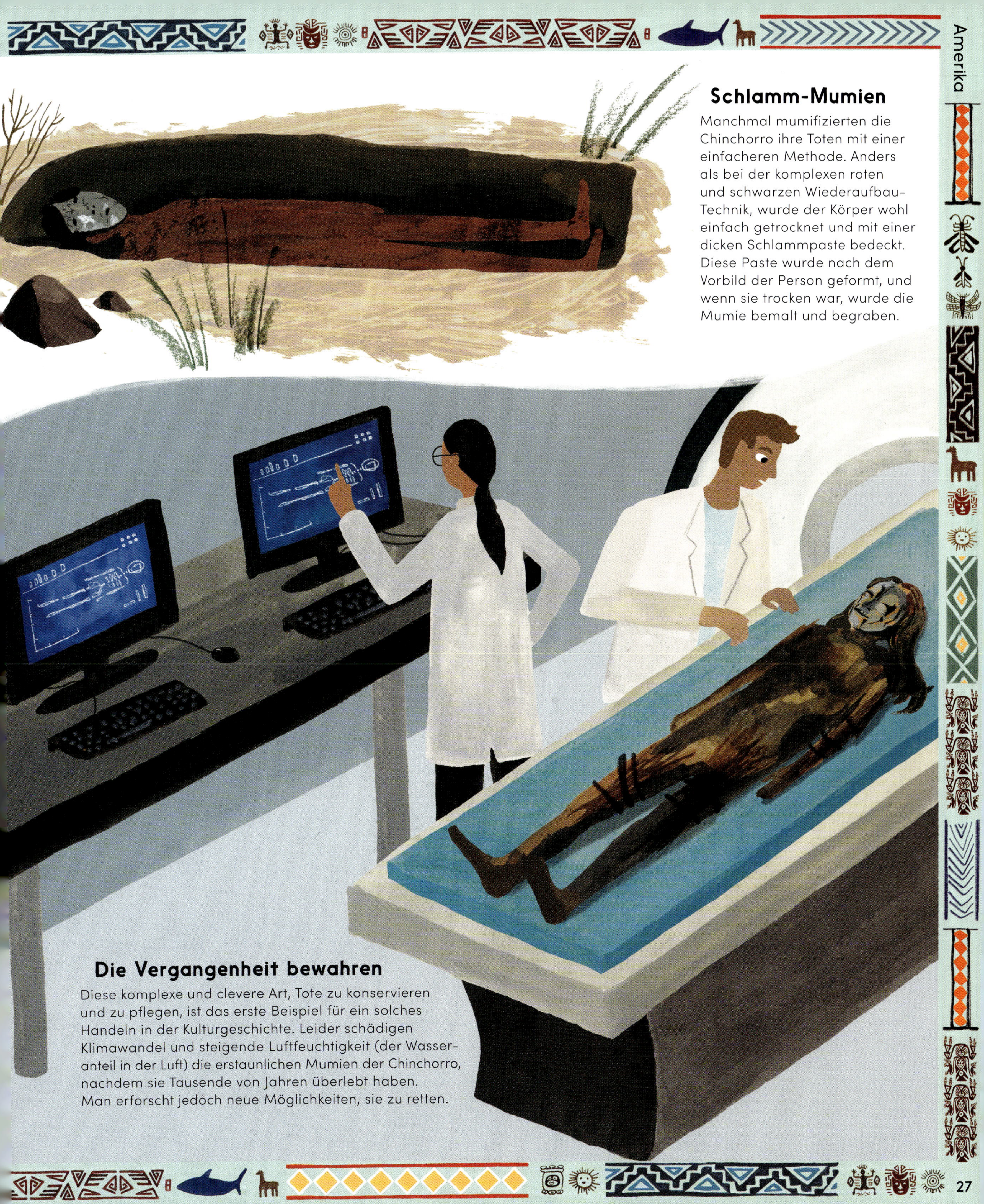

Schlamm-Mumien

Manchmal mumifizierten die Chinchorro ihre Toten mit einer einfacheren Methode. Anders als bei der komplexen roten und schwarzen Wiederaufbau-Technik, wurde der Körper wohl einfach getrocknet und mit einer dicken Schlammpaste bedeckt. Diese Paste wurde nach dem Vorbild der Person geformt, und wenn sie trocken war, wurde die Mumie bemalt und begraben.

Die Vergangenheit bewahren

Diese komplexe und clevere Art, Tote zu konservieren und zu pflegen, ist das erste Beispiel für ein solches Handeln in der Kulturgeschichte. Leider schädigen Klimawandel und steigende Luftfeuchtigkeit (der Wasseranteil in der Luft) die erstaunlichen Mumien der Chinchorro, nachdem sie Tausende von Jahren überlebt haben. Man erforscht jedoch neue Möglichkeiten, sie zu retten.

Die Franklin-Expedition

1845 stachen Sir John Franklin und seine 134-köpfige Besatzung auf zwei Schiffen, der HSM Erebus und der HSM Terror, von England aus in See. Sie suchten die Nordwestpassage, eine Seeroute vom Atlantik zum Pazifik über den nördlichsten Punkt der Erde. Drei Männer starben früh – man könnte sagen, dass sie Glück hatten. Franklin und die Mannschaft sah man zuletzt, als sie in die zerklüftete kanadische Eiswelt segelten. Man hörte nie wieder etwas von ihnen.

Im September 1846 trieben Franklin und seine Männer inmitten einer furchteinflößenden Landschaft mit Felsinseln, hoch aufragenden Eisbergen, eisigen Winden und Packeis auf stahlgrauer See. Der arktische Winter begann und mit ihm monatelange Dunkelheit. Die Eisdecke schloss sich und hielt beide Schiffe fest im Griff. Balken knarrten. Kalter Wind pfiff durch die Ritzen. Männer wurden krank und starben – so auch Franklin. Die Übrigen ertrugen diesen Albtraum 19 lange Monate, bis sie in ihrer Verzweiflung das Schiff verließen und die 1609 Kilometer lange Reise nach Süden zu Fuß wagten.

Frierend, ausgehungert und erschöpft transportierten sie ihre Vorräte auf Schlitten, aber am Ende war es zu viel. Keiner überlebte. Der Ort, den sie hatten erobern wollen, besiegte die tapferen Männer der Franklin-Expedition.

Erst nach zahlreichen Versuchen, die Verschollenen zu finden, entdeckte man 1857 die ersten Leichen der Männer, die diese legendäre, aber zum Scheitern verurteilte Reise unternommen hatten. Auf einigen der gefundenen Knochen gibt es Schnittspuren, wahrscheinlich von Messern, mit denen das Fleisch abgeschnitten wurde. Man glaubt, dass einige Männer vom Hunger fast in den Wahnsinn getrieben wurden und Teile ihrer toten Kameraden aßen.

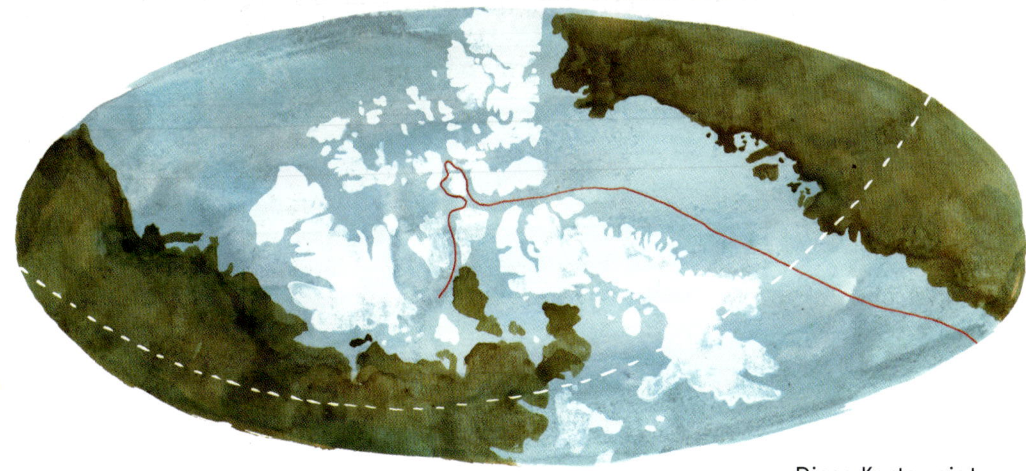

Diese Karte zeigt die Route, die Franklin und seine Männer mit ihren Schiffen nahmen.

Drei Seeleute starben zu Beginn der Expedition und wurden auf einer windgepeitschten Insel namens Beechey Island begraben. Ihre im Permafrost (Boden, der immer gefroren ist) perfekt erhaltenen Leichen geben Aufschluss darüber, wie sie gestorben sind.

John Torrington war 20, hatte blaue Augen und langes braunes Haar. Rauchrückstände in seiner Lunge, von der Arbeit an der Dampfmaschine, und Tuberkulose, eine ansteckende Krankheit, hatten ihn geschwächt und Fieber, nächtliche Schweißausbrüche und Hustenanfälle verursacht.

John Hartnell war 25. Die Y-förmige Narbe auf seinem Körper zeigt, dass der Schiffsarzt ihn vor der Beerdigung untersuchte; Franklin wollte wohl wissen, warum 2 Männer innerhalb von nur 4 Tagen gestorben waren.

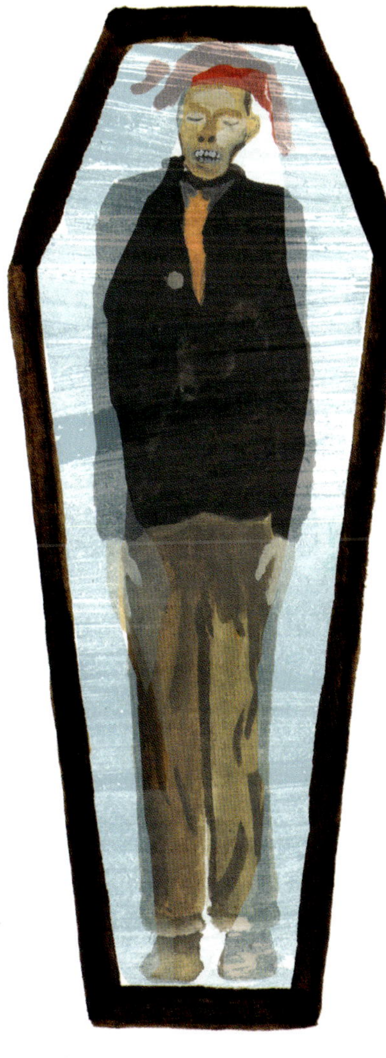

William Braine war 32, groß und kräftig, mit einem lockigen schwarzen Bart. Durch ein Seil verursachte Schürfwunden an seinen Schultern zeigen, dass er kurz vor seinem Tod einen Schlitten zog. Während seine Kameraden sein Grab in den gefrorenen Boden hackten, nagten unter Deck Ratten seine Leiche an.

Ehe sie starben, waren William und die beiden Johns bis auf die Knochen abgemagert. Die leeren Mägen zeigen, dass sie in ihren letzten Tagen keinen Bissen mehr gegessen hatten. Sie waren bereits durch Krankheiten wie Tuberkulose geschwächt und starben wohl an Pneumonie, einer Lungenkrankheit. Viele ihrer Kameraden werden Monate später, während des langen, kalten Sterbens der Franklin-Expedition, ein ähnliches Schicksal erlitten haben.

Ötzi – Der Mann aus dem Eis

1991 entdeckten Bergwanderer in Norditalien, an der Grenze zu Österreich, etwas sehr Ungewöhnliches: die Leiche eines Mannes, der mit dem Gesicht nach unten auf dem Fels lag und dessen Beine noch im Eis steckten. Er war so gut erhalten, dass die Wanderer dachten, er sei ein erst kürzlich verstorbener Bergsteiger. Aber das war ein Irrtum. Dieser Mann ist sehr, sehr alt.

Durch Radiokarbondatierung fanden Wissenschaftler heraus, dass er im Frühsommer vor über 5000 Jahren gestorben war, während der europäischen Kupferzeit (3500–1700 v. Chr.). Da man ihn in den Ötztaler Alpen fand, heißt er jetzt Ötzi.

Das Eis hatte Ötzi perfekt konserviert: Haut, Knochen und Zähne sind unversehrt. Er hatte braune Haare und Augen, maß 1,57 Meter und war 35 bis 55 Jahre alt, als er starb. Da er sich von grobem Getreide ernährte, waren seine Zähne abgenutzt. Er litt an Zahnfleischerkrankungen, Gelenkverschleiß und Arterienverkalkung. Für seine 61 Tätowierungen war Holzkohle in Hautschnitte gerieben worden. Da er jahrelang an Lagerfeuern Rauch einatmete, hatte sich seine Lunge schwarz verfärbt.

Einige von Ötzis Tattoos, die durch Einreiben von Holzkohle in die geritzte Haut entstanden.

Ötzis Mageninhalt gibt Aufschluss über seine letzte Mahlzeit: Bergziegenfleisch, ungesäuertes (hefefreies) Brot und eine Beerenart namens Schlehe. Zwei Stunden nach diesem Essen war Ötzi tot.

Im Eis blieben auch Ötzis Kleidung und Habseligkeiten erhalten. Er trug Hosen und Mantel aus Schafsfell und Ziegenleder, eine Bärenfellmütze und mit Gras gefütterte Schnürschuhe aus Rindleder. Diese haltbare und gut verarbeitete Kleidung hielt Ötzi warm und trocken.

Ötzi trug einen 1,80 Meter langen Eibenholzbogen bei sich, der zum Schutz vor Regen eingefettet war und 14 Pfeile in einem ledernen Köcher aus der Haut einer Bergziege.

Ein Feuersteinmesser steckte in einer Scheide aus Gras.

Ötzis wertvollster Besitz war eine hochwertige Axt mit Kupferkopf und einem Griff aus Eibenholz.

Mit diesen zuverlässigen Werkzeugen, Feueranzündern und Arzneien hatte Ötzi alles, was er zum Überleben in der alpinen Landschaft brauchte. Warum also starb ein so gut ausgerüsteter Mann allein, weit oben in den Bergen?

Zunächst glaubte man, Ötzi sei erfroren, doch weitere Untersuchungen zeigten, dass das nicht ganz stimmte. Eine in seiner linken Schulter steckende Pfeilspitze aus Stein beweist, dass er von hinten erschossen wurde und vermutlich verblutete. Tiefe Schnittwunden an seiner rechten Hand deuten darauf hin, dass er einen Tag vor seinem Tod in einem Kampf verletzt wurde. Wurden diese Schnitte von der gleichen Person verursacht, die ihn später mit dem Pfeil erschoss?

Wir werden nie erfahren, wer Ötzi tötete oder warum, aber dank der Konservierung seiner Überreste im Eis und ihrem zufälligen Fund konnte man sie analysieren und wertvolle Erkenntnisse über sein Leben – und seinen Tod – vor über 5000 Jahren gewinnen.

Die Gipsmenschen von Pompeji

Eines Tages, im Jahr 79 n. Chr., ereilte die Bevölkerung Pompejis – einer quirligen Stadt an der Küste des Römischen Reiches – eine Tragödie. Jahrelang lebte man dort, ohne einen Gedanken an den grünen Berg in der Nähe zu verschwenden. Am Ende dieses schrecklichen Tages war Pompeji völlig zerstört und die Menschen unter einer Ascheschicht begraben, die eben dieser Berg ausgestoßen hatte. Dies ist die Geschichte ihres Todes und ihrer Wiederentdeckung.

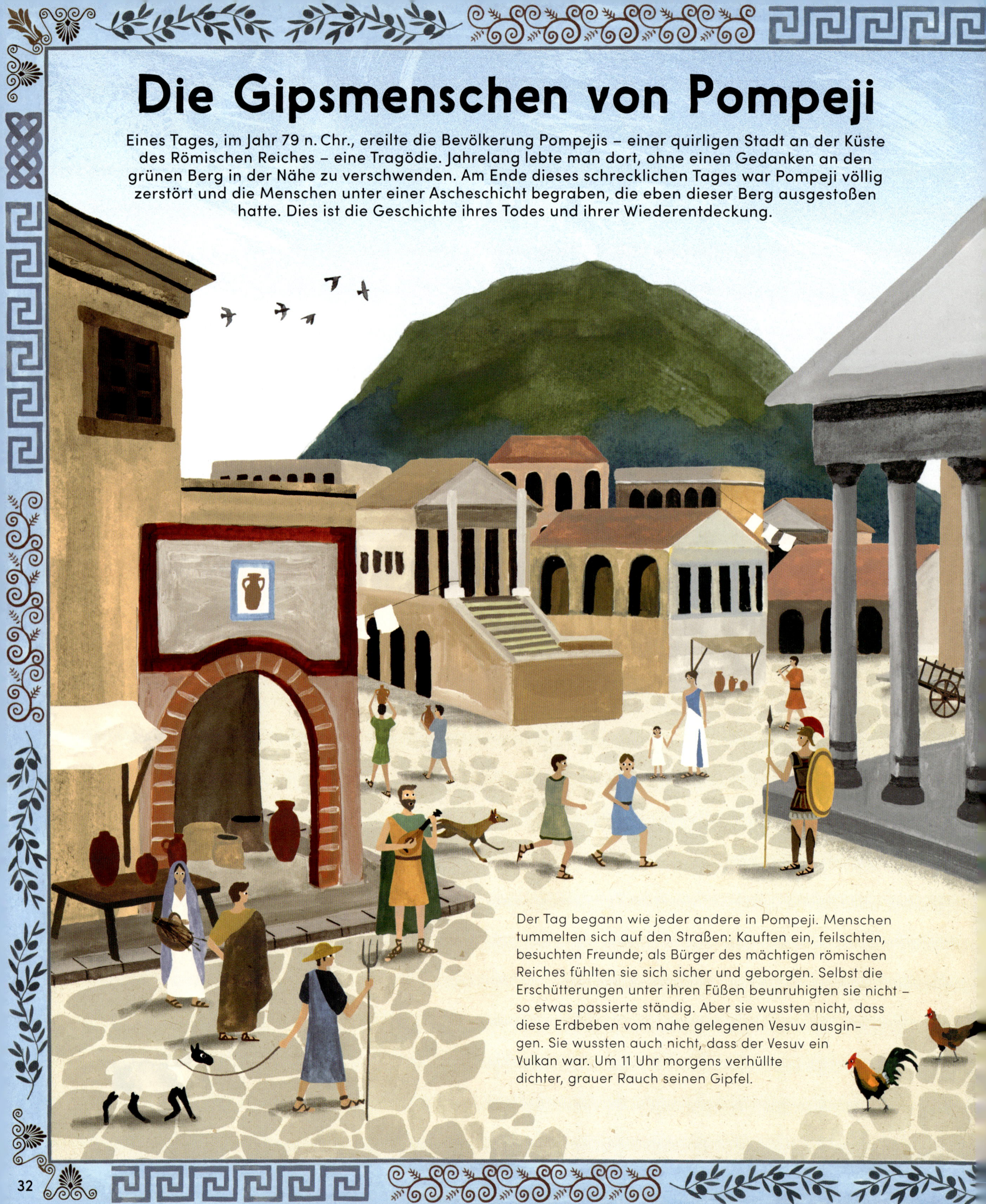

Der Tag begann wie jeder andere in Pompeji. Menschen tummelten sich auf den Straßen: Kauften ein, feilschten, besuchten Freunde; als Bürger des mächtigen römischen Reiches fühlten sie sich sicher und geborgen. Selbst die Erschütterungen unter ihren Füßen beunruhigten sie nicht – so etwas passierte ständig. Aber sie wussten nicht, dass diese Erdbeben vom nahe gelegenen Vesuv ausgingen. Sie wussten auch nicht, dass der Vesuv ein Vulkan war. Um 11 Uhr morgens verhüllte dichter, grauer Rauch seinen Gipfel.

Mittags brach das geschmolzene (flüssige) Gestein, das sich unter dem Vulkan aufgestaut hatte, in einer katastrophalen Explosion aus. Die Menschen starrten entsetzt auf eine Rauch- und Aschesäule, die 20 Kilometer hoch in den Himmel stieg. Sie taumelten und schrien, als die erste Stoßwelle ihre Stadt traf und Mauern und Gebäude erschütterte. Der Berg, auf dem sie seit Jahren Schafe weideten und Wein anbauten, war plötzlich zu feurigem Leben erwacht.

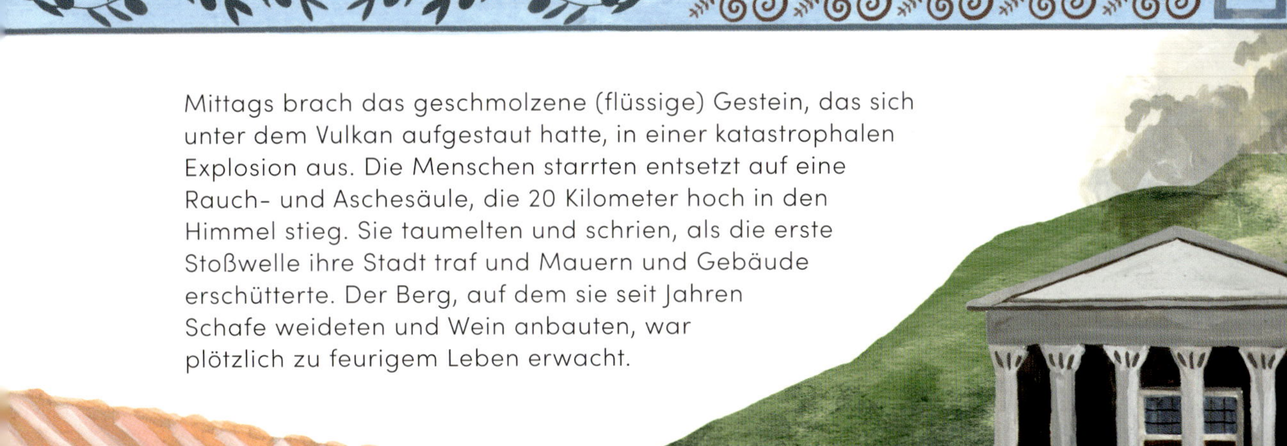

Rauch breitete sich aus und verdunkelte den Himmel beängstigend schnell. Die Sonne verschwand. Innerhalb weniger Minuten regnete es heiße Asche, die alles erstickte und verbrannte. Sie türmte sich auf, verstopfte Türen, füllte Innenhöfe und strömte durch Fenster. Brennende Steine zerschlugen Dächer und entfachten unzählige Brände. Für die panischen Menschen in Pompeji muss es gewesen sein, als gehe ihre Welt unter.

Die Welt war pechschwarz. Stundenlang regnete es Asche und Steinbrocken. Die Menschen kauerten unter Treppen oder in Kellern. Die Hitze war zu groß, um atmen zu können.

Um 23 Uhr war die dichte, schwarze Säule über dem Vulkan 27 Kilometer hoch; Millionen Tonnen Asche, die durch die starke Hitze in der Luft gehalten wurden, sammelten sich über dem klaffenden Schlund. Als sie abkühlte, brach die Säule unter ihrem eigenen gewaltigen Gewicht zusammen. Das war das Ende für Pompeji.

Die Überlebenden ahnten nicht, dass überhitzte Luft, vulkanische Gase, Gestein und Asche von den Vulkanhängen herabstürzten und auf sie zurasten. Mit 100 Stundenkilometern verschlangen und zertrümmerten die tosenden, grauen Wellen alles, was ihnen in den Weg kam. Wer noch in Pompeji war, wurde auf der Stelle getötet und unter meterhoher Asche begraben. Bei Tagesanbruch waren Pompeji und seine Bevölkerung ausgelöscht.

Die Wiederherstellung der alten Römer

Der Vesuv zerstörte und konservierte Pompeji. Durch die Ascheschicht blieben Straßen, Gebäude und Menschen 1700 Jahre lang unberührt. Jetzt, nach jahrzehntelangen Ausgrabungen, können wir die Stadt im Schatten des Vulkans erforschen und ihre zurückgelassenen Körper untersuchen.

Der italienische Archäologe Giuseppe Fiorelli entdeckte in den 1860er Jahren Hohlräume in der ausgehärteten Asche, in denen die Menschen, die während der Katastrophe verschüttet wurden, lagen. Ihre Körper waren meist verwest, übrig waren nur Knochen und hohle Zwischenräume, die Giuseppe mit Flüssig-Gips füllte. Sobald dieser trocknete, entstanden perfekte Abgüsse der Menschen im Moment ihres Todes

Gipstiere

Auch Tiere starben. Dieser Wachhund war an einem Pfosten vor einer Tür angebunden. Er versuchte, den wachsenden Aschehaufen zu erklimmen, bis die Leine um seinen Hals ihn daran hinderte.

Der Gips konservierte alltägliche Momente und bringt uns die Menschen von Pompeji nahe. Wir erkennen die Falten in ihrer Kleidung, ihre Sandalen; ihre Gesichter, sogar den letzten Ausdruck darauf. Manche hatten durch herabfallende Steine oder die große Hitze gebrochene Schädel. Andere kauerten in ihren Häusern, schützten ihre Gesichter vor der Asche oder hielten geliebte Menschen im Arm. Viele versuchten, der aufsteigenden Asche zu entkommen und kletterten auf Dächer. Es spielte keine Rolle, wohin sie gingen – wer in der Stadt blieb, war dem Untergang geweiht.

Das Haus der grünen Knochen

Ende des 20. Jahrhunderts wurden die Skelette von 54 Menschen freigelegt, die in einem Lagerhaus aus Stein Zuflucht gesucht hatten. Männer, Frauen und Kinder verharrten im Dunkeln, als der Boden bebte und draußen heiße Asche fiel. Ihre Knochen verraten uns, wie diese Menschen starben und – noch wichtiger – wie sie lebten.

Die Anordnung der Skelette deutet darauf hin, dass sich die Menschen im Lagerhaus in zwei Gruppen aufteilten. Die eine Gruppe hatte nur ihre Kleidung am Leib, die andere hatte Taschen mit Goldmünzen und Schmuck dabei. Die Edelmetalle der reichen Gruppe reagierten mit der Asche und färbten die Knochen mit der Zeit grün. Unter den Reichen waren ein Mädchen mit silbernen Ohrringen und ein älterer Mann mit einem Kind auf dem Schoß.

Da gleichzeitig Überreste von Reichen und Armen gefunden wurden, konnten Wissenschaftler und Wissenschaftlerinnen sie vergleichen. Die Skelette der Armen waren denen der Reichen sehr ähnlich und hatten kaum Krankheitszeichen, was zeigt, dass die meisten in Pompeji gesund lebten und sich ausgewogen von Fleisch, Fisch und Gemüse ernährten. Römische Arme waren – zumindest in Pompeji – relativ gesund. Die Zähne der Erwachsenen waren aufgrund von Körnern in der Nahrung, wahrscheinlich im Brot, stark abgenutzt.

Die Skelette im Lagerhaus haben viele Narben, die vom Wüten des Vulkans zeugen. Die starke Hitze brannte das weiche Gewebe weg und Funken hinterließen schwarze Spuren in Schädeln und Knochen. Zum Glück trat der Tod fast augenblicklich ein.

Die Kapuzinerkatakomben

Unter dem Steinboden des Kapuzinerklosters in Palermo, Sizilien, befindet sich eine Reihe von Sälen, Korridoren und Kammern. Die Luft ist staubig und trocken, das Licht schummrig. Hunderte von Mumien hängen dort an den Wänden, stehen in Nischen oder liegen in offenen Särgen – Männer, Frauen und Kinder, alle vollständig bekleidet. Wer waren sie, und wie sind sie hierher gekommen?

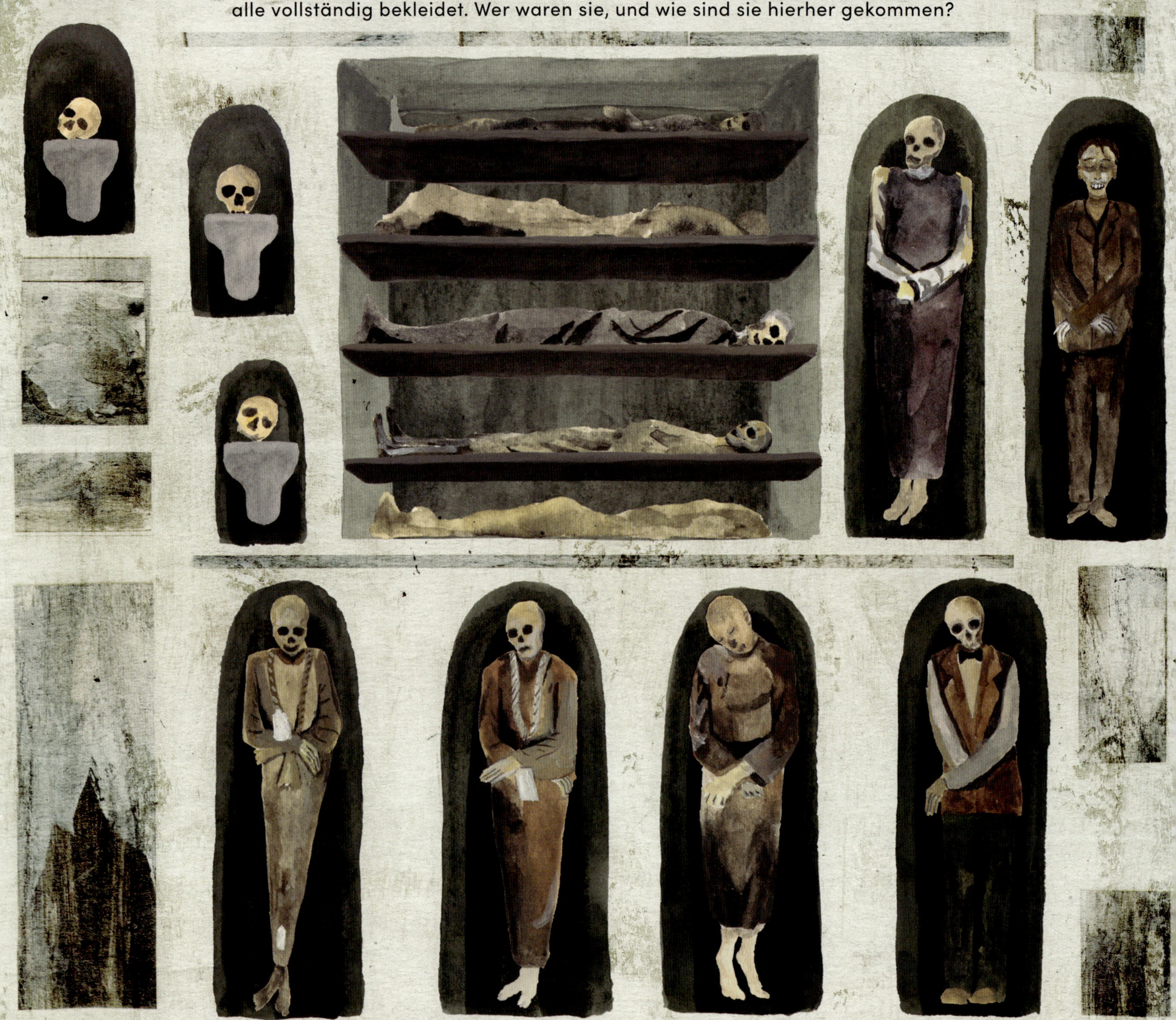

Als Kapuzinermönche Ende des 16. Jahrhunderts die Leichen einiger ihrer verstorbenen Ordensbrüder ausgruben, waren sie erstaunt, wie gut sie erhalten waren. In der Überzeugung, dass dies das Werk Gottes war, brachten sie die Mumien in einen anderen Raum ihres Klosters. In den folgenden Jahrzehnten bewahrte man weitere verstorbene Mönche in ihren Gewändern dort auf und vergrößerte die Katakomben, um sie unterzubringen.

Nach einer Weile boten die Mönche ihren Mumifizierungs- und Ausstellungsdienst für all jene an, die es sich leisten konnten. Das hieß, dass Hinterbliebene ihre Liebsten besuchen konnten, wann sie wollten, in der Gewissheit, dass die Mönche sich um sie kümmerten und sogar ihre Kleidung wuschen und wechselten, um sie frisch zu halten.

Leichen, die ausgestellt werden sollten, kamen zunächst in einen Vorbereitungsraum, den sogenannten Colatoio. Man legte sie zum Austrocknen für etwa ein Jahr auf ein Gitter aus Terrakotta-Röhren (Terrakotta ist eine Keramikart). Dadurch wurden sie steif, und Haut und Haare blieben intakt. Dann wurden sie mit Essig gewaschen, hier und da mit Stroh ausgestopft und schließlich bekleidet und in ihrem neuen Zuhause in den Kapuzinerkatakomben untergebracht.

Die wohl berühmteste Mumie in den Katakomben war einst ein Mädchen namens Rosalia Lombardo. Sie starb 1920 mit nur zwei Jahren an einer Lungenentzündung. In seiner Trauer bat ihr Vater einen Einbalsamierer namens Alfredo Salafia darum, ihren Körper mit seiner Sachkenntnis zu erhalten.

Alfredo machte sich an die Arbeit. Er benutzte eine Einbalsamierungsflüssigkeit namens „Alfredo Salafias Schutzlösung: Neue Spezialformel zum Erhalt des gesamten menschlichen Kadavers in dauerhaft frischem Zustand", die er selbst erfunden hatte. Sie enthielt Formalin, um Verwesungsbakterien abzutöten, Salicylsäure gegen Pilze, Glycerin, damit Fleisch und Haut nicht schrumpften, und Zinksalze, damit der Körper seine natürliche Form behielt. Diese Mischung wurde in Rosalias Körper gespritzt und verteilte sich darin.

Alfredos Verfahren funktionierte so gut, dass Rosalias Zustand nach über 100 Jahren an ein Wunder grenzt: Gehirn und Organe sind intakt und an Ort und Stelle, ihre Haut ist straff und unversehrt und das Gewebe prall. Sie sieht nicht tot aus, sondern als ob sie schliefe – vielleicht konnte das den trauernden Vater trösten.

Moorleichen

In der europäischen Eisenzeit lieferten Feuchtgebiete und Torfmoore den Menschen Brennmaterial, Wildfrüchte und Material für die Korbherstellung. Sie waren aber auch gefährlich. Selbst auf Holzstegen konnte man vom Weg abkommen, und viele Menschen wurden vom Licht einer Sumpflaterne in die Irre geführt und ertranken in versteckten Tümpeln. Wurden deshalb so viele alte Leichen an diesen seltsamen, nebligen Orten gefunden? Oder ist der Grund für ihr Sterben noch düsterer?

Die Hochmoore Nordeuropas sind etwas Besonderes. Sie sind voller Staunässe, bedeckt mit Gras, Moos und Schilf. Die einstigen Seen verlandeten nach dem Wegfall ihrer Wasserzufuhr und füllten sich mit verrottenden Pflanzenteilen, aus denen im Laufe der Jahrhunderte dichter Torf wurde. In dieser sauerstofffreien Umgebung gibt es keine Insekten und Bakterien, die Fäulnis verursachen, sodass versunkene Tiere oder Menschen erhalten blieben.

Zwar werden die Knochen im Moor aufgelöst, aber eine chemische Mischung aus dem Torfmoos konserviert Haare, Haut und Sehnen; färbt das Haar rot, die Haut braun und macht sie lederartig. Beim Fund solcher Überreste liefern sorgfältige Ausgrabungen und forensische Untersuchungen einmalige Erkenntnisse über die Leichen, ihre Kleidung, Holzgegenstände und Korbwaren, wie es sie bei gewöhnlichen Ausgrabungen nicht gibt.

Der Tollund-Mann

Getreidebrei wurde häufig im Winter gegessen, wenn frisches Gemüse knapp war.

Der Tollund-Mann wurde 2 Meter tief in einem Torfmoor in Dänemark gefunden und war so gut erhalten, dass man glaubte, er sei erst kürzlich ermordet worden. In Wirklichkeit starb er irgendwann zwischen 375 und 210 v. Chr., was bedeutet, dass er über 2300 Jahre alt ist. Bis auf einem Gürtel um die Taille und einer spitzen Haube aus Schafsfell und Wolle auf dem Kopf, war er nackt. Als er starb, war er 30 bis 40 Jahre alt und etwa 1,60 Meter groß. Er hatte kurze Haare und einen Stoppelbart.

Damals hielt man beim Tod eines Menschen eine Begräbniszeremonie ab, bei der die Leiche eingeäschert (in einem Feuer zu Asche verbrannt) wurde. Warum behandelte man den Tollund-Mann anders? Warum ließ man seine Leiche unversehrt und ganz allein im Moor zurück? Vielleicht liegt in der Art seines Todes die Antwort.

Der Tollund-Mann wurde getötet. Das beweist die Lederschlaufe, die noch immer um seinen Hals geknotet war. Dies deutet darauf hin, dass er erhängt wurde. Wurde er ermordet? Oder als Verbrecher hingerichtet? Beides könnte sein, aber die Art und Weise, wie er nach seinem Tod behandelt wurde, lässt etwas anderes vermuten.

Der Tollund-Mann wurde mit angezogenen Beinen und Armen in sein Grab gelegt, wie jemand, der einen tiefen und bequemen Schlaf hält. Man schloss außerdem seine Augen und Mund (die nach dem Tod durch Erhängen offen waren), was ihm seinen friedlichen Ausdruck verlieh. Die Experten und Expertinnen bezweifeln, dass man einen gewöhnlichen Kriminellen so fürsorglich behandelt hätte, und vermuten, dass der Tollund-Mann als Opfer für die Geister der Natur im Moor zurückgelassen wurde.

Im Moor blieben Herz, Lunge und Leber des Tollund-Mannes erhalten. Sein Magen enthielt noch, was er etwa 12 Stunden vor seinem Tod zu sich genommen hatte. Es handelte sich um eine Art Brei aus Wildsamen, Gerste, Flachs und Knöterich.

Wir werden nie erfahren, wie der Tollund-Mann wirklich hieß oder was er dachte, als er seine letzte Mahlzeit zu sich nahm. Sein Leben und seine Persönlichkeit bleiben für immer ein Rätsel. Aber wenn Besucher des Silkeborg Museums in Dänemark sein friedliches Gesicht betrachten, in dem jede Falte perfekt erhalten ist, fühlen sie sich mit ihm verbunden und halten nachdenklich inne.

Die um seinen Hals gefundene Schlinge.

Das Mädchen von Yde

Das Yde-Mädchen wurde 1897 in der Nähe der niederländischen Stadt Yde (ausgesprochen „Ide") im Torf gefunden. Als sie ihr auffallend rotes Haar sahen, hielten ihre Entdecker sie für einen Teufel und rannten aus Angst davon. Aber wer war sie wirklich? Und wie lebte sie in der Eisenzeit?

Das Mädchen von Yde war Keltin. Die Kelten lebten seit etwa 1200 v. Chr. in Europa und pflegten viele Bräuche. Sie waren Bauern, furchterregende Krieger und geschickte Metallhandwerker. Vermutlich lebte sie in einem Dorf inmitten von Feldern, wo jeder jeden kannte. Das Familienleben fand um die Feuerstelle statt, die 24 Stunden am Tag für Licht, Wärme, gekochtes Essen und Gemütlichkeit sorgte.

Zwar unterschied sich die Lebensweise der Kelten von unserer, dennoch liebten und versorgten sie einander. Trotzdem muss das Yde-Mädchen in ihrem 16. Lebensjahr getötet und im Moor zurückgelassen worden sein, sehr wahrscheinlich von genau den Menschen, die sie seit ihrer Kindheit kannten.

Einer Theorie nach wurde das Yde-Mädchen als Menschenopfer ausgewählt. Sie wurde wohl irgendwann zwischen 54 v. Chr. und 128 n. Chr. der Geisterwelt übergeben, in einen Mantel gehüllt und mit dem Wollgürtel, der sie erwürgt hatte, noch um den Hals.

Mit nur 1,37 Meter war sie sehr klein für ihr Alter. Scans zeigen, dass sie an Skoliose litt, einer Erkrankung, die ihre Wirbelsäule verkrümmte, weshalb sie womöglich humpelte. Mithilfe einer Gesichtsrekonstruktion können wir uns heutzutage sehr gut vorstellen, wie dieses junge Mädchen vor ihrem frühen Tod ausgesehen haben könnte.

Der Clonycavan-Mann und der Old-Croghan-Mann

In den Mooren Irlands findet man mehr als nur Torf. Waffen, Schmuck und sogar Holzkübel mit Butter aus der Eisenzeit wurden aus ihren feuchten Tiefen geborgen. Und man fand Menschen – von Schlamm und Geheimnissen umgeben.

Der Clonycavan-Mann starb mit etwa 20, irgendwann zwischen 392 und 201 v. Chr. Ein kleiner Mann, der sein von Läusen befallenes Haar zu einem Zopf am Oberkopf frisierte, vielleicht um größer zu wirken. Das Haar fixierte er mit einem eisenzeitlichen Haargel – einer klebrigen Mischung aus Pflanzenöl und Kiefernharz.

Zu Lebzeiten war der Old-Croghan-Mann stolze 1,96 Meter groß. Von ihm sind nur ein lederartiger Torso und die Arme übrig. Gepflegte Nägel und gute Gesundheit zum Todeszeitpunkt (zwischen 362 und 175 v. Chr.) deuten darauf hin, dass er wohlhabend und einflussreich war.

Der Schädel des Clonycavan-Manns wurde mit drei Axthieben fast völlig gespalten. Seine Mörder stachen auf ihn ein und schlitzten ihm den Bauch auf. Der Old-Croghan-Mann starb durch einen Stich in die Brust. Ein Schnitt an seinem Oberarm zeigt, dass er versucht hatte, den Angreifer abzuwehren. Nach dem Tod wurde sein Kopf abgetrennt und der Körper zersägt. Möglicherweise waren die beiden unbeliebte Anführer, von rachsüchtigen Untertanen brutal hingerichtet. Aber ohne Beweise kann man eine Moorleiche zwar von Schlamm befreien, jedoch nicht von ihren Geheimnissen.

Der Lindow-Mann

Moorleichen geben uns faszinierende Einblicke in das Leben in der Eisenzeit. Wissenschaftliche Experimente können vieles über sie enthüllen, aber das Bild bleibt stets unvollständig.

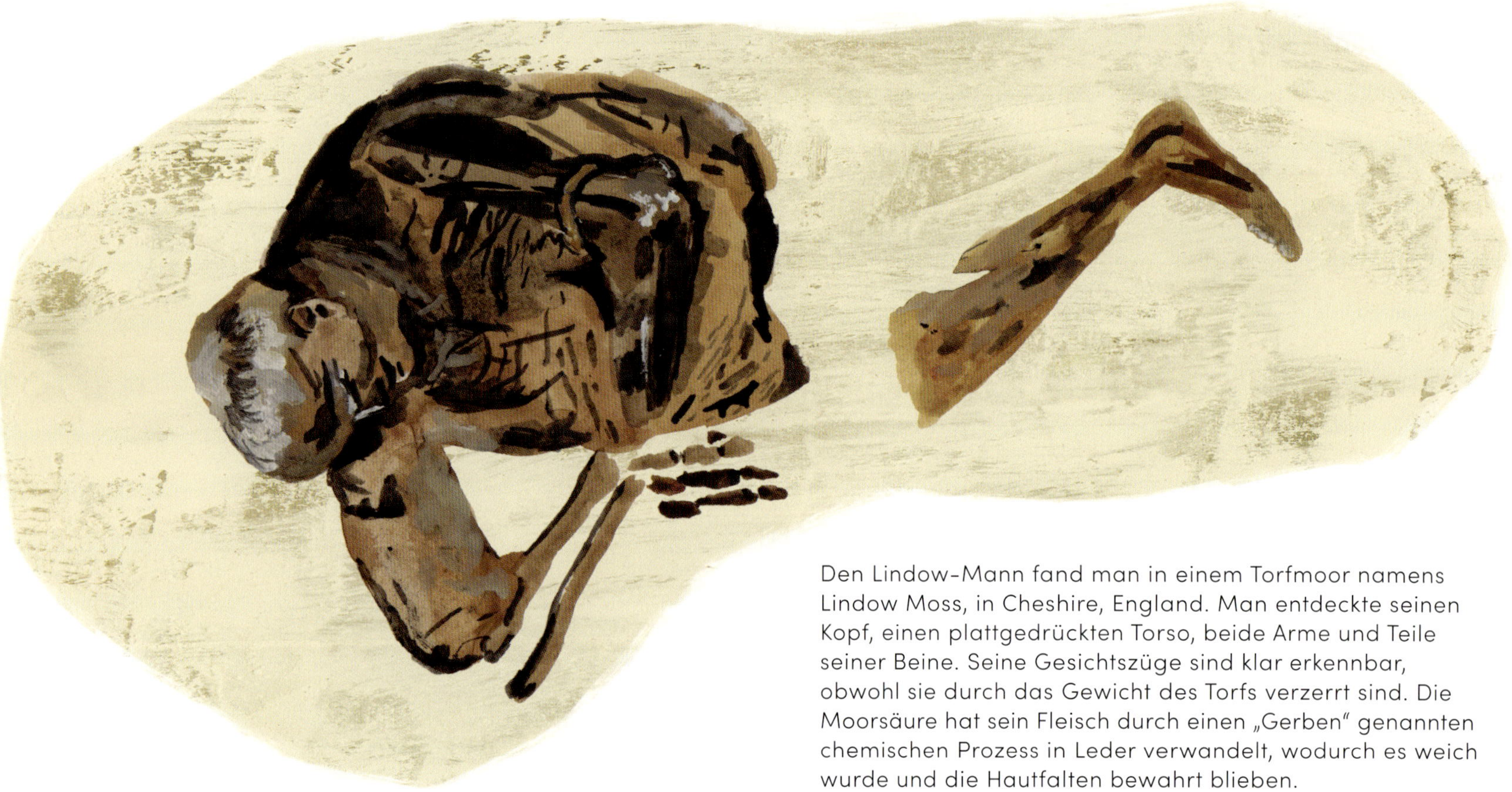

Den Lindow-Mann fand man in einem Torfmoor namens Lindow Moss, in Cheshire, England. Man entdeckte seinen Kopf, einen plattgedrückten Torso, beide Arme und Teile seiner Beine. Seine Gesichtszüge sind klar erkennbar, obwohl sie durch das Gewicht des Torfs verzerrt sind. Die Moorsäure hat sein Fleisch durch einen „Gerben" genannten chemischen Prozess in Leder verwandelt, wodurch es weich wurde und die Hautfalten bewahrt blieben.

Nach der Ausgrabung, brachte man den Lindow-Mann ins British Museum und untersuchte ihn. Tests ergaben, dass er zwischen 2 v. Chr. und 119 n. Chr. starb, was bedeutet, dass er entweder in der Eisenzeit lebte oder in der späteren römisch-britischen Periode, als die Römer Britannien eroberten.

Der Lindow-Mann war 25, gesund, 1,65 Meter groß und wog etwa 64 Kilogramm, als er starb. Er hatte einen ordentlich gestutzten Bart mit Schnäuzer. In seinem Magen hatte sich seine letzte Mahlzeit aus ungesäuertem Brot erhalten, und Peitschenwürmer – Parasiten, die im menschlichen Darm leben.

Eine Armbinde aus Fuchsfell

Die ordentlichen Fingernägel des Lindow-Mannes lassen vermuten, dass er nicht mit den Händen arbeitete. Vielleicht war er ein Anführer oder ein reicher Kaufmann. Unklar ist auch, warum er nur eine Fuchsfellarmbinde trägt. Wurde er nackt begraben oder ist seine Kleidung im Moor verrottet?

Seine genauen Todesumstände kennen wir nicht, aber es war ein gewaltsamer Tod. Ein V-förmiges Loch in seinem Kopf stammt wohl von einer Axt. Der Schlag trieb Schädelsplitter in sein Gehirn, tötete ihn aber nicht.

Er starb vermutlich an einer Nackenverletzung, aber wie es dazu kam, ist umstritten. Manche vermuten, dass das Seil um seinen Hals als Garrotte benutzt wurde, einer Waffe, die der Mörder zum Erwürgen so fest anzog, dass Lindow-Manns Genick brach. Andere glauben, dass das Seil nur eine Halskette war und ihn ein starker Schlag auf den Hinterkopf tötete.

Sicher ist, dass seine Mörder ihn in den kalten Tümpeln von Lindow Moss zurückließen. Waren sie Räuber, die nach der Tat flohen? War er selbst ein Verbrecher und verdiente kein respektvolles Begräbnis? Oder wurde er den Naturgeistern geopfert?

Wir können viele Fragen stellen, aber oft lautet die Antwort: *Wir wissen es nicht; es ist nicht sicher; vielleicht dies; vielleicht das.* Moorleichen sind rätselhaft und behalten ihre Geheimnisse für sich.

Die Salzmänner aus dem Iran

Jahrtausendelang, vor der Erfindung der Kühltechnik, machte man Fleisch und Fisch mit Salz haltbar. Deshalb war Salz so wertvoll, dass man es „weißes Gold" nannte, und ganze Länder wurden durch die Minenarbeiter reich, die es aus dem Boden holten. Ein paar von ihnen fand man in einer alten Salzmine im Iran, auf natürliche Weise mumifiziert von genau der Substanz, nach der sie gruben.

Die Salzgewinnung im alten Iran (550 v. Chr. – 651 n. Chr., damals Persien) war gefährlich. Die Minenarbeiter bauten das Steinsalz in dunklen Tunneln mit Hacken und Meißeln ab, wo der Salzstaub ständigen Durst verursachte und es heiß und trocken war. Und dann die ständige Angst, dass die Tunnel jeden Moment einstürzen könnten.

Der erste Salzmann wurde 1993 entdeckt, nachdem er 1700 Jahre lang ungestört in einem Tunnel gelegen hatte, bei dessen Einsturz er starb. Von dem etwa 40-Jährigen waren noch der Kopf, ein Teil seines Körpers und ein Bein erhalten. Genau wie das Natron der alten Ägypter hat das Minensalz seinen Leichnam getrocknet und konserviert.

Auf dem unversehrten Schädel von Salzmann 1 ist noch Fleisch und Haut. Sein wallendes Haar war braun, bis es durch chemische Reaktionen nach seinem Tod verblich und weiß wurde.

Das linke Bein von Salzmann 1 steckt noch im Lederstiefel, abgetrennt am Knie.

Bei den Männern fand man auch gewebte Stoffe.

Salzmann 1 trug einen Goldohrring.

Der goldene Ohrring und hochwertige Stiefel verraten, dass Salzmann 1 ein wohlhabender Mann war. Was machte er in der staubigen Mine? War er Salzhändler? Oder ein Verwalter, der die Schächte überprüfte? Wer er auch war, seine Entscheidung, an diesem Tag die Mine zu erkunden, erwies sich als verhängnisvoll.

Die Salzmänner benutzten Hammer und Spitzhacken, um Salz aus den Minen zu gewinnen.

Auch Salzmann 4 starb beim Einsturz der Mine. Aber er war ein Minenarbeiter und erst 16, als um 330 v. Chr. herabfallende Salzblöcke seine Brust und sein Herz zerquetschten. Er war 1,65 Meter groß und glatt rasiert, hatte kurzes braunes Haar und trug eine silberne Kreole.

Im Gürtel von Salzmann 4 steckte ein Metallmesser mit Knochengriff.

Salzmann 4 hatte eine Hose, eine braune Wolltunika und einen roten Umhang aus Tierhaut an.

Er trug 2 Krüge, möglicherweise mit Trinkwasser, als er starb.

Seine Pose scheint seinen letzten Moment zu zeigen: Auf dem Rücken, sich mit erhobenen Armen vor den herabfallenden Salzblöcken schützend. Doch das täuscht. Tatsächlich starb er mit dem Gesicht nach unten, ein Bein angezogen; vielleicht wollte er weglaufen.

Die Schöne von Xiaohe

Die Taklamakan-Wüste im Westen Chinas ist eine endlose Sandwüste mit Wanderdünen, windzerfurchten Felsen, brennend heißen Tagen und eiskalten Nächten. Inmitten dieser kahlen und doch wunderschönen Landschaft liegt eine uralte Grabstätte. Ein seltsamer Ort, der sich aus dem Sand erhebt, wie eine verlorene Insel in einem goldenen Meer. Darunter liegen Hunderte von Leichen, eine davon gilt als die schönste Mumie der Welt.

Der Xiaohe-Friedhof (was „kleiner Fluss" bedeutet und „schi-a-hu" ausgesprochen wird) ist ein von Menschen geschaffener Sandhügel, mit einer Fläche von 2500 Quadratmetern. 140 Pfosten aus Pappelholz ragen aus dem Hügel heraus, der von Weitem wie eine alte Burgruine aussieht.

Jeder Pfosten markiert ein Grab, von denen das älteste etwa 4000 Jahre alt ist. Hohe, torpedoförmige Pfosten markieren Frauengräber und kurze, flache, ruderförmige Pfosten die von Männern. Bei archäologischen Ausgrabungen fand man etwa 330 Gräber. Der Friedhof wurde nur bis 400 n. Chr. genutzt.

Ein Stiefel aus Pelz und Leder

Ein Filzhut

Eine dekorative Maske

Man fand noch andere Dinge halb vergraben im Sand: Pelzmützen, Lederstiefel, zerbrochene Särge; Masken mit langen Nasen und grinsenden Mündern und unheimliche, geschnitzte Figuren, verstreut wie sonnengebleichtes Treibholz.

Unter den Pfosten liegen bootsförmige Särge aus schweren Holzplanken, viele mit Ochsenhaut versiegelt. Blutflecken auf diesen Särgen lassen vermuten, dass die Tiere während der Bestattung getötet und gehäutet wurden. Möglicherweise dienten sie als Tieropfer und Sargabdichtung zugleich.

Eine der Leichen, begraben zwischen 1800 und 1500 v. Chr, ist besonders gut erhalten. Die Wüstenluft trocknete sie aus und durch den salzigen Boden und eisige Wintertemperaturen blieb sie in all der Zeit praktisch unversehrt. Ihr dichtes Haar, markante Wangenknochen, symmetrische Gesichtszüge und tiefliegende Augen mit langen Wimpern brachten ihr den Namen „Schöne von Xiaohe" ein.

Sie trug ein Unterkleid mit Schnüren und einen weißen Wollmantel mit Quasten darüber. Außerdem einen hohen weißen Filzhut, der mit Federn geschmückt war, und mit Tierfell gefütterte Lederstiefel. Fachmännisch geflochtene Strohkörbe mit Weizenkörnern, Zweigen, Blumenstängeln und einer Kräutermedizin namens „Ephedra" waren vielleicht für den Gebrauch im nächsten Leben bestimmt. Ihr Sarg enthielt außerdem den ältesten Käse der Welt – eine unglaubliche Entdeckung, wenn man bedenkt, wie schnell Milchprodukte normalerweise verderben. Er wurde aus Milch, mit zugesetzten Bakterien und Hefe hergestellt, und schmeckte wohl ein bisschen wie Hüttenkäse.

Die Körbe neben der Schönen von Xiaohe waren kunstvoll aus Stroh geflochten und mit Weizen, Zweigen und Kräutern gefüllt.

Der Käse, der im Sarg gefunden wurde, ist über 4000 Jahre alt.

Welches Volk baute diese einzigartige Ruhestätte für seine Toten? Man glaubt, dass es sich vor etwa 4000 Jahren in der Gegend niederließ, als die noch keine reine Wüste war – es gab Flüsse, Seen, Bäume, Tiere und Vögel. Ein Rätsel des Friedhofs ist seine Abgeschiedenheit. Es gibt keine Hinweise auf Siedlungen in der Nähe und man vermutet, dass die Toten von weit her auf Flüssen transportiert wurden, die längst ausgetrocknet sind. Warum wurde ein so weit entfernter Ort gewählt? Das wird, wie der wahre Name der Schönen von Xiaohe, ein Geheimnis bleiben.

Die Marquise von Dai

Die als Marquise von Dai bekannte chinesische Adelige Xin Zhui starb 163 v. Chr. Zu dieser Zeit konservierten auch die Ägypter noch ihre Toten. Doch während deren Mumien trockene Hüllen sind, hat Xin Zhui noch immer weiches Fleisch, elastische Haut und blutgefüllte Adern; die Muskeln sind beweglich, die Gliedmaßen biegsam, und alle Organe intakt. Warum ist sie so gut erhalten?

Xin Zhui lebte zur Zeit der Han-Dynastie (206 v. Chr.–220 n. Chr.), einer Blütezeit der kulturellen, technologischen und wirtschaftlichen Entwicklung. Als Mitglied der herrschenden Klasse führte sie ein luxuriöses Leben voller Extravaganz. Sie wurde von einer Armee von Dienern umsorgt und genoss täglich reichhaltige Speisen. Doch dafür zahlte sie einen hohen Preis. Als sie mit etwa 50 starb, war sie übergewichtig und bei schlechter Gesundheit.

Xin Zhuis Leiche ist über 2000 Jahre alt, aber sie sieht aus, als sei sie erst kürzlich gestorben: Haut, Fleisch und Muskeln sind feucht, ihre Haare, Trommelfelle und Wimpern intakt. Die Untersuchungen ergaben, dass sie an einer Herzkrankheit und Durchblutungsstörungen litt – verursacht durch fettreiche Ernährung und Bewegungsmangel. Ihre Wirbelsäule war verwachsen, was sehr schmerzhaft war und sie zwang, am Stock zu gehen. Unverdaute Melonenkerne in ihrem Magen deuten darauf hin, dass sie 2 bis 3 Stunden nach der Mahlzeit starb – wahrscheinlich an einem Herzinfarkt.

Der Sarg war mit einem seidenen Begräbnistuch bedeckt, das Xin Zhui zeigt, die sich auf das Jenseits vorbereitet.

Die Marquise hatte ein aufwendiges Begräbnis. Man wusch sie, kleidete sie vornehm, wickelte sie in 20 Lagen Seide und legte sie in den kleinsten von insgesamt 4 lackierten, ineinander passenden Särgen. Diese Särge wurden in eine mit Holz ausgekleidete Grabkammer, 12 Meter unter der Erde, gesenkt. Die Kammer dichtete man mit einem Holzdach und Bambusmatten ab und schichtete nacheinander Sand, Holzkohle, Lehm und Erde darauf. Vermutlich führte diese Grabgestaltung dazu, dass ihr Körper nicht verweste; die wasser- und luftdichten Schichten schützten ihren Körper vor Verwesungsbakterien und sorgten so für ihre bemerkenswerte Konservierung.

Xin Zhuis Make-up bestand aus gekochten und fermentierten Pflanzen, Gewürzen und tierischen Fetten.

In ihrem Grab befanden sich schöne Seidengewänder.

Neben Körben voller Essen wurde sie mit Rezepten für ihre Lieblingsspeisen begraben.

Fäustlinge, die man im Grab fand, waren aus teurer Seide gefertigt.

Xin Zhuis Grab war mit über 1000 Gegenständen bestückt, darunter Seidengewänder, fingerlose Fäustlinge, Schminkkästen, Musikinstrumente, Teller, Schalen und Vasen. Zahlreiche Lebensmittel lagerten in sorgfältig beschrifteten Bambusgefäßen: Erdbeeren, Birnen, Datteln, Pflaumen, Schweinefleisch, Wild, Rind, Lamm, Hase, Hund, Gans, Ente, Huhn, Turteltaube, Fasan, Sperling, Fisch, Eier und sogar Eule; der Marquise sollte es auch im Tod an nichts mangeln.

Die nasse Mumie

In China wurden Tote nicht so konserviert wie bei den Ägyptern oder den Chinchorro: Vor der Bestattung wurden weder die Organe entnommen noch das Fleisch getrocknet. Und doch sind einige chinesische Mumien weltweit mit am besten erhalten. Vielleicht liegt das an der Art und Weise, wie sie bestattet wurden, oder an der Wirkung einer geheimnisvollen Flüssigkeit, die man in ihren Gräbern fand.

2011 wurde in China bei Straßenarbeiten, 2 Meter unter der Erde, ein kleines Grab mit einem solide gebauten Sarg aus 3 Schichten Holz entdeckt. Als Archäologen den Deckel öffneten, entdeckten sie mehrere Bündel Seide und Leinen, die mit einer seltsamen, rötlich-braunen Flüssigkeit bedeckt waren.

Als sie die Stofflagen entfernten, staunten sie, weil eine nahezu perfekt erhaltene Frau zum Vorschein kam. Ihr Gesicht sah verfärbt und fleckig aus, aber war es immer noch lebensecht, prall und perfekt in Form. Ihre Augen waren geschlossen und ihr friedlicher Gesichtsausdruck wirkte, als schliefe sie tief, und nicht, als sei sie seit Jahrhunderten tot.

Auf der Brust der Mumie lag eine Münze, die vor bösen Geistern im Jenseits schützte.

Die 1,52 Meter große Frau trug traditionelle Kleidung und spitze Schuhe aus der Zeit der Ming-Dynastie, einer historischen Epoche, die von 1368 bis 1644 n. Chr. dauerte. Diese Mumie könnte also zwischen 400 und 700 Jahre alt sein. Man weiß noch nicht, woran sie starb oder wie alt sie war, aber ihr faltenloses Gesicht lässt darauf schließen, dass sie noch jung war.

Unter einer Haube wurde ihr schwarzes Haar von einer glänzenden Silbernadel zusammengehalten – ein typischer Schmuck in der Ming-Dynastie. Ungewöhnlicher war der schöne Jadering an ihrem Mittelfinger. Schmuck und Kleidung aus feiner Seide und Baumwolle deuten darauf hin, dass sie reich war, aber nicht zur herrschenden Klasse gehörte – vielleicht war sie die Frau eines Kaufmanns oder Regierungsbeamten.

Die nasse Mumie wurde mit einer eng anliegenden Haube gefunden.

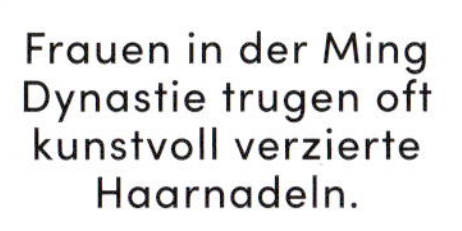

Frauen in der Ming Dynastie trugen oft kunstvoll verzierte Haarnadeln.

Jade ist ein wertvolles grünes Mineral, das im alten China beliebt war und oft zu Schmuck verarbeitet wurde.

Für den außergewöhnlich guten Zustand dieser Frau gibt es wahrscheinlich mehrere Gründe: Das Grab war tief genug, um sie kühl zu halten, und der Sarg war mit einer anaeroben (sauerstoffarmen) Flüssigkeit gefüllt, wodurch sich keine Bakterien ansiedeln und den Körper zersetzen konnten.

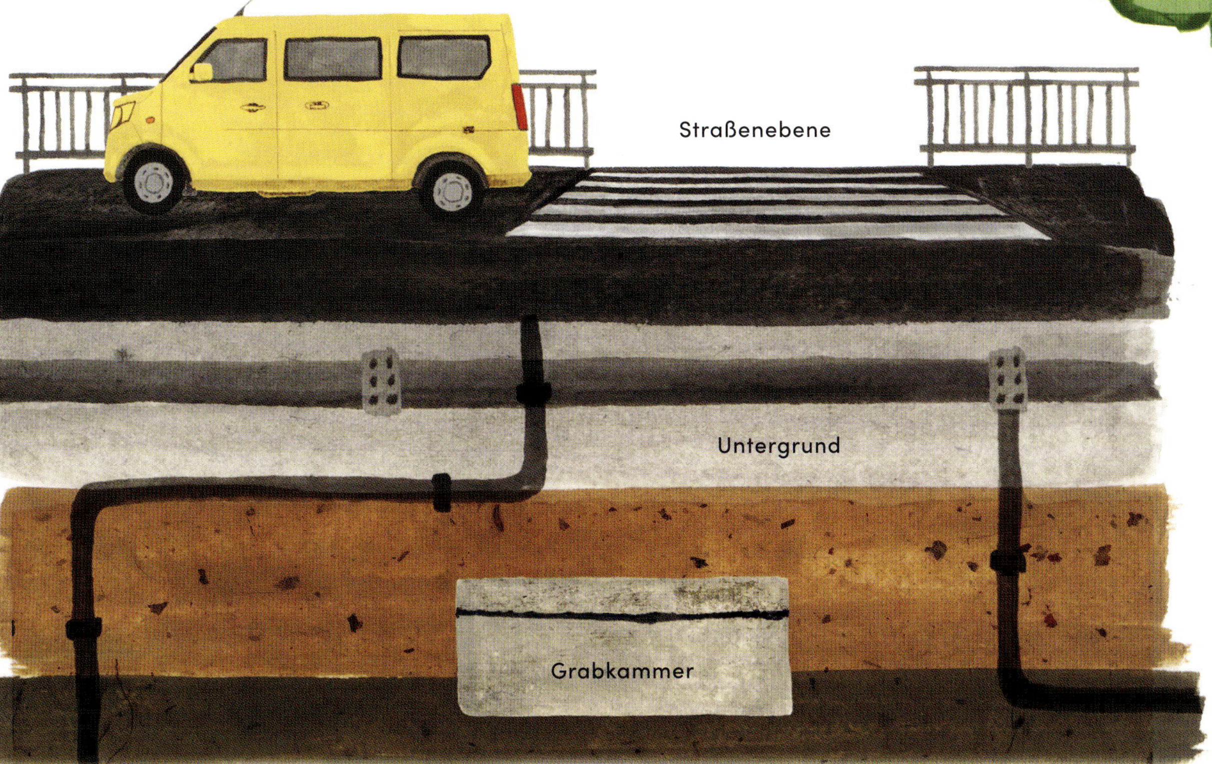

Eine ähnliche Flüssigkeit wurde in den Gräbern anderer Mumien in China gefunden, auch in dem der Marquise von Dai (Seiten 48–49). Einige Archäologen und Archäologinnen glauben, die alten Chinesen entwickelten diese Flüssigkeit und gossen sie in den Sarg, um die Leiche zu erhalten. Aber wahrscheinlich war es nur Wasser, das durch das Holz sickerte mit dem Körper reagierte und so eine natürliche Einbalsamierungsflüssigkeit bildete.

Das bemalte Volk der Steppe

Zwischen 900 und 200 v. Chr. lebte ein wildes, kriegerisches Volk in den Weiten der sibirischen Steppe. Sie kämpften zu Pferd, waren ständig auf Wanderschaft und nie lange an einem Ort. Aber sie führten nicht nur Kriege: Ihre Kultur war reich, ihre Handwerker waren geschickt, vor allem im Umgang mit Gold, und sie trieben Handel mit der ganzen Welt. Diese stolzen Reiter wurden Skythen genannt (ausgesprochen „Sküten“) und wir wissen viel über sie, dank ihrer mumifizierten Toten.

Gefrorene Gräber

Die Skythen begruben ihre Toten in sogenannten Kurganen – tiefe Gruben mit hüttenartigen Konstruktionen darunter. Der eingesargte Leichnam wurde zusammen mit den wertvollsten Besitztümern in die „Hütte" gelegt. Diese wurde mit Holzbalken verschlossen, die Grube wieder aufgefüllt und ein Steinhaufen („Cairn") darauf aufgeschüttet.

Gegenstände wie Kessel, Trinkgefäße oder Holzschalen waren leicht, da die nomadischen Skythen immer in Bewegung waren.

Vor der Bestattung wurden die Toten auf den Ritt ins ewige Leben vorbereitet. Man entfernte das Gehirn durch in den Schädel gebohrte Löcher und entnahm Fleisch, Muskeln und Organe durch kleine Hautschnitte. Der Körper wurde dann mit Stroh und Haaren ausgestopft und mit Tiersehnen (einer zähen Faser, die Muskeln und Knochen verbindet) vernäht. Dieses Verfahren und der Permafrost, in dem die Toten lagen, führten dazu, dass einige skythische Leichen 2500 Jahre später noch bemerkenswert gut erhalten sind.

Die stabile Bauweise der Kurgane und die dauerhaft eisigen Temperaturen der Steppe haben Tausende historisch wertvolle skythische Grabbeigaben bewahrt: Pferdegeschirre und Sättel, Teppiche, Kleidung, Musikinstrumente, Möbel, Kessel, Becher, Waffen und Schmuck. Von diesen einzigartigen Gegenständen sind manche so gut erhalten, dass sie aussehen, als wären sie gerade erst gefertigt worden; sie ermöglichen uns einen intimen Einblick in diese alte Kultur.

Spannenderweise gibt es noch viele Kurgane, die bisher nicht untersucht worden sind. Welche historische Kunst, Objekte und Schätze mögen sie enthalten?

Die Skythen waren meisterhafte Reiter und erfanden den ersten Pferdesattel.

In skythischen Gräbern wurden Musikinstrumente entdeckt, wie Pferdeglocken, antike Knochenpfeifen und eine Harfe.

Die Skythen waren furchterregende Krieger, die mit Schwertern, Kampfäxten, Dolchen und Pfeil und Bogen kämpften.

Die sibirische Eisjungfrau

In einem Kurgan hoch im Altaigebirge stießen Archäologinnen und Archäologen auf einen Lärchenholzsarg, der so lang war, dass sie dachten, er enthalte 2 Leichen. Darin war eine etwa 25 Jahre alte Frau mit Tattoos auf den Armen. Sie lag auf der Seite, nach Osten zur aufgehenden Sonne gewandt. Skythische Frauen wurden selten allein begraben, deshalb wird vermutet, dass sie eine bedeutende Person gewesen sein könnte – vielleicht Schamanin oder angesehene Geschichtenerzählerin – sie starb irgendwann im 5. Jh. v. Chr.

Die junge Frau war an Krebs erkrankt, wie Tests ergaben. Von der Krankheit bereits geschwächt, erlitt sie kurz vor ihrem Tod einen schweren Sturz, vielleicht vom Pferd. Sie war bettlägerig, aber nicht allein und wurde von ihren Angehörigen bis zum Schluss gepflegt.

Die Kälte konservierte die Kleidung der Eisjungfrau: eine gelbe Bluse aus Seide, die aus Indien stammen könnte, ein rot-weißer Wollrock und lange Filzstrümpfe. Am spektakulärsten war ihr meterhoher Kopfschmuck aus mit Filz überzogenem Holz, verziert von geschnitzten, mit Goldfolie umhüllten Vögeln. Dieser Kopfschmuck stand für den skythischen Lebensbaum und war der Grund dafür, dass ihr Sarg so lang sein musste.

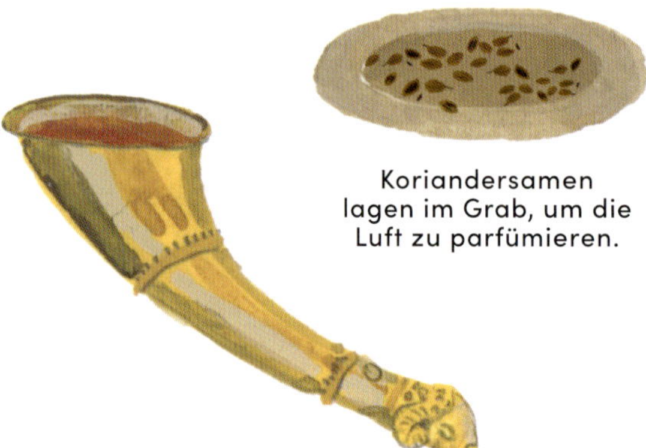

Koriandersamen lagen im Grab, um die Luft zu parfümieren.

Wohlhabende oder bedeutende Skythen tranken aus Tierhörnern wie dem Yakhorn, das bei der Eisjungfrau gefunden wurde.

Auf dem tragbaren Tisch im Kurgan der Eisjungfrau lag Pferde- und Hammelfleisch.

Zu den persönlichen Besitztümern der Eisjungfrau zählten ein Becher aus Tierhorn, ein tragbarer Tisch mit abnehmbaren Beinen und eine Schale mit verbrannten Koriandersamen. Vor der „Hütte" lagen mehrere Pferde, deren Fleisch so gut konserviert war, dass es bei der Ausgrabung einen starken Geruch verströmte. Jedes Pferd war mit dem Hieb einer Axt auf die Stirn getötet worden – geopfert, um ihre mysteriöse Herrin ins Jenseits zu begleiten.

Kunst unter der Haut

Die meisten Skythen waren stark tätowiert und verwandelten ihre Körper mit schwarzer Tinte aus Ruß in lebende Kunstwerke. Schultern, Arme, Rücken, Brust und Beine wurden zu Weiden für grasende Herden, Jagdgründen für Raubtiere und Schlachtfeldern für fantastische Flugungeheuer. Wenn sich ein Skythe bewegte, bewegten sich auch diese Kreaturen, beugten ihre Gliedmaßen, wölbten ihre Rücken ... und wurden lebendig.

Wir wissen nicht, warum sich skythische Männer und Frauen tätowierten, wohl nicht nur, weil sie es schön fanden. Vielleicht glaubten sie, dass die Tätowierungen sie magisch schützten. Oder sie stellten Geschichten aus ihrer Mythologie dar, erinnerten an Tapferkeit im Kampf oder bei der Jagd. Vielleicht dienten sie der persönlichen Identifikation, die so auch ins Jenseits übertragen wurde. Sicher ist nur, dass ihnen die Tätowierungen und die abgebildeten Tiere sehr wichtig waren.

Von allen Tätowierungen antiker Mumien sind die der Skythen die detailreichsten, aufwendigsten und schönsten. Die fantastischen Kreaturen auf der Haut der Eisjungfrau – ein Hirsch mit verziertem Geweih, ein Schafbock mit geschwungenen Hörnern und ein geflecktes Raubtier – sind voller Leben und Bewegung, wie die Skythen selbst.

Der bemalte Häuptling

Eine skythische Mumie mit besonders spektakulären Tätowierungen wurde in den 1950er Jahren entdeckt. Der stämmige, kräftig gebaute Mann dürfte ein Häuptling gewesen sein.

Obwohl die Haut zum Teil verwest ist, sind die kunstvoll stilisierten Tiere auf seinem Körper noch zu erkennen. Darunter ein Esel, ein Steinbock, 2 hirschähnliche Kreaturen mit langen Geweihen und gebogenen Schnäbeln, ein Fantasietier auf dem rechten Arm, 2 Greife auf der Brust und auf dem rechten Bein ein Fisch, 4 Widder und ein Monster.

Selbstmumifizierende Mönche

Was braucht man, um eine Mumie herzustellen? Antwort: einen Toten. Und doch befinden sich in japanischen Tempeln auf geweihten Bergen die sterblichen Überreste von heiligen Männern, die sich *bei lebendigem Leib* selbst mumifizierten. Es heißt, dass der Vorgang – *sokushin jōbutsu* genannt – langwierig, quälend und fast unbegreiflich war.

Die Idee der Selbstmumifizierung stammt von einem japanischen buddhistischen Mönch namens Kūkai (774–835 n. Chr.). Kūkai und seine Anhänger glaubten, dass sie durch körperliche Strapazen, wie Hungern oder Ausharren unter eiskalten Wasserfällen, spirituelle Kraft erlangten.

Im Alter von 62 Jahren trieb Kūkai diesen Glauben so weit wie überhaupt möglich. Er aß und trank nichts mehr, versetzte sich in einen Meditation genannten Zustand tiefer Konzentration und ließ sich selbst verhungern. Monate später stellten Kūkais Anhänger erstaunt fest, dass er nicht verwest war und noch fast genauso aussah wie zu Lebzeiten. Die unglaubliche Unversehrtheit Kūkais galt als Beweis dafür, dass sein unsterblicher Geist große Macht erlangt hatte. Zwischen 1081 und 1903 versuchten mehrere Hundert Mönche, Kūkais Weg der Selbstmumifizierung zu folgen. Nur etwa 20 waren erfolgreich.

Ein Mönch, der sich dem Sokushinbutsu unterzog, wusste, dass der extrem harte Prozess meist zum Scheitern verurteilt war. Er brauchte geistige Stärke, um die schweren körperlichen Anforderungen zu bewältigen, einen Körper, der alles an Fett, Muskeln und Feuchtigkeit verloren hatte, um die Verwesung zu verhindern, und einen ruhigen Seelenzustand im Angesicht des Todes.

Um sich zu mumifizieren, musste ein Mönch die Teile seines Körpers reduzieren, die die Verwesung begünstigten – Muskeln, Fett und Wasser. Zu diesem Zweck änderte er seine Ernährung drastisch und aß 3 Jahre lang (oder länger) ausschließlich Nüsse, Wurzeln, Baumrinde und Kiefernnadeln.

Diese Diät – *mokujikigyō* genannt, was so viel bedeutet wie „die Gewohnheit von Bäumen zu essen" – ging mit Meditation und anstrengenden Übungen einher, die ihn schließlich in ein lebendiges Skelett verwandelten. Nachdem kein Fett und keine Muskeln mehr abzubauen waren, ließ der Mönch nichts mehr über seine Lippen kommen, außer einem giftigen Tee aus Baumsaft, der ihn zum Erbrechen und Schwitzen brachte und den Wassergehalt seines Körpers noch weiter verringerte.

Dem Tode nahe, kletterte der Mönch in eine unterirdische Kammer, gerade groß genug, um im Schneidersitz darin zu sitzen. Seine Anhänger versiegelten die Kammer. Sie ließen ein Luftloch und eine Glocke zurück, mit deren Läuten er zeigte, dass er noch lebte. Allein in der stillen Dunkelheit meditierte der Mönch und wartete bis sein Körper den Lebenswillen aufgab.

Wenn die Glocke nicht mehr klingelte, schlossen seine Anhänger das Luftloch und gingen davon. Sie kehrten 1000 Tage später zurück und schauten nach, ob er sich selbst mumifiziert hatte. Wenn dies der Fall war (nur sehr selten), brachten sie den unversehrten Körper in einen Tempel, wo er als wahrer Sokushinbutsu verehrt wurde, in der Gewissheit, dass sein Geist über sie wachte.

Gelüftete Geheimnisse, gehütete Geheimnisse

Wir sind weit in die Vergangenheit und um die Welt gereist, um die Toten zu verstehen. Wir sind auf Berge gestiegen und in Moore eingetaucht, wir haben eisige arktische Luft und heißen Wüstensand geatmet, wir haben kolossale Grabstätten und einfache Erdgräber erforscht.

Die Menschen, denen wir begegnet sind – die Pharaonen, Seeleute und Salzminenarbeiter, die Reiter, Marquisen und Mönche, die Adeligen, Eisjungfrauen und Fischer – haben viel von sich preisgegeben: nicht nur äußerliche Merkmale wie ihre Größe, Haarfarbe, was sie aßen und trugen, sondern auch faszinierende Einblicke in ihren Glauben, ihre Bräuche und Kulturen.

Wir erfuhren, dass die Inka und die Nordeuropäer der Eisenzeit ein Menschenleben für so kostbar hielten, dass sie es ihren Göttern als größtes Opfer darbrachten; dass die Chinchorro ihre Toten jahrelang nah bei sich behielten, ehe sie sie in der Wüste begruben; dass die Skythen sich durch den Tod nicht von ihren geliebten Pferden trennen ließen, und dass manche Adelige im alten China gerne Eulen aßen.

Obwohl wir die Toten nie wirklich „kennen" können (Persönlichkeit und Charakter zu Lebzeiten, und oft auch ihr Name werden ewig ihr Geheimnis bleiben), gibt die Untersuchung ihrer Kleidung, Besitztümer und sterblichen Überreste Aufschluss über die Menschen, die sie einst waren – einzigartige menschliche Wesen, die zum Teil vor Tausenden von Jahren lebten.

Die wunderschönen Tätowierungen auf Armen und Händen der skythischen Eisjungfrau zeigen uns die Fabelwesen, an die sie glaubte und von denen sie wahrscheinlich erzählte; wir können uns ihren Schmerz vorstellen, als sie in die Haut geritzt wurden, und ihren Stolz, als sie fertig waren. Dank der Unversehrtheit der Marquise von Dai wissen wir, dass sie, obwohl sie viel mehr und bessere Nahrung aß als die meisten Chinesen, davon krank wurde und daran starb.

An Ötzis Kleidung, Waffen, Ausrüstung und Medikamenten sehen wir, wie geschickt und gut gerüstet er war, um im rauen Klima der europäischen Kupferzeit zu überleben. Der Anblick der gefrorenen Gesichter von John Torrington, John Hartnell und William Braine zeigt uns genau, wie sie in den 1840er Jahren aussahen, bis hin zur Augenfarbe. Solche kostbare Einblicke erinnern uns daran, dass es sich nicht nur um Mumien oder Skelette handelt, sondern um die Überreste von Menschen, die einmal gelebt haben.

Und doch wird vieles für immer im Dunkeln bleiben: zum Beispiel, warum Ötzi oder der Gebelein-Mann getötet wurden; oder warum ein reicher Mann in einer persischen Salzmine war; oder was wirklich mit James Franklin und seiner Mannschaft geschah; oder woran Tutanchamun, die berühmteste Mumie von allen, starb.

Es gibt noch so viele Tote zu entdecken – im Sand vergraben, im Eis eingefroren oder in Höhlen versteckt. Ich frage mich, wer sie wohl waren, und welche neuen Geheimnisse sie eines Tages mit uns teilen werden?

Wo man sie fand

Der Tollund-Mann
Dänemark
Das Mädchen von Yde
Niederlande
Die Salzmänner aus dem Iran
Iran
Ramses der Große
Ägypten
Der Gebelein-Mann
Ägypten
Tutanchamun
Ägypten
Das bemalte Volk der Steppe
Russland
Die nasse Mumie
China
Die Marquise von Dai
China
Selbstmumifizierende Mönche
Japan
Die Schöne von Xiaohe
China

Glossar

AHNEN: Menschen aus der fernen Vergangenheit, mit denen wir verwandt sind.

ALPAKA: Lama-ähnliches Säugetier, beheimatet in Südamerika.

ARCHÄOLOGE/ ARCHÄOLOGIN: Jemand, der die Geschichte der Menschheit studiert, indem er oder sie Ausgrabungen vornimmt und das Gefundene analysiert.

ARTERIEN: Adern, die das Blut durch den Körper transportieren.

AUFERSTEHUNG: Vorgang, bei dem eine Person, nach dem Glauben einiger Religionen, von den Toten zurückkehrt.

BESTATTUNG: Religiöse Zeremonie, die die Vorbereitung, Beerdigung, Aufbahrung oder respektvolle Beseitigung eines Leichnams umfasst.

COCA: Südamerikanische Pflanze, die von den Inka als starke Droge verwendet wurde.

CT-SCAN: Eine „computertomografische" Untersuchung, bei der mithilfe von Röntgenstrahlen und Computern 3-D-Bilder vom Inneren des Körpers erstellt werden, ohne diesen zu beschädigen.

DÄMON: Übernatürliche Kreatur mit großer Macht.

FERMENTIERUNG: Natürlicher Prozess, bei dem Zucker aus Früchten oder Getreide in Alkohol umgewandelt wird.

FORENSISCH: Moderne wissenschaftliche Methode, um Verbrechen oder Tatorte zu untersuchen.

GRABHÜGEL: Ein Erd- oder Steinhügel, der über einem oder mehreren Gräbern aufgeschüttet ist; manchmal auch „Tumulus" genannt.

GRABSTÄTTE: Gewölbe, Einfriedung, Bauwerk oder Denkmal für die Bestattung der Toten, häufig unter der Erde.

INDIGEN: Menschen, Tiere oder Pflanzen, die ursprünglich an einem bestimmten Ort heimisch sind.

INNERE ORGANE: Innere Teile des Körpers, die lebenswichtige Funktionen erfüllen, wie zum Beispiel Leber, Nieren, Herz und Gehirn.

JENSEITS: Ort, an den man nach dem Tod kommt, wie manche Menschen glauben, auch Leben nach dem Tod genannt.

KATAKOMBEN: Unterirdische Begräbnisstätten, oft weitverzweigte, gewölbeartige Gangsysteme.

KLOSTER: Gebäude, in denen Mönche und Nonnen arbeiten, beten und wohnen.

KONSERVIERUNG: Prozess, um etwas so vollständig und intakt wie möglich zu erhalten – dies kann absichtlich oder auf natürliche Weise geschehen.

KRANZ: Mischung aus Blumen, Blättern und Zweigen, die einen Ring bilden. Wird oft auf Gräber als Zeichen des Respekts gelegt.

LEICHNAM: Ein toter menschlicher Körper.

LEINEN: Weicher Stoff, gewoben aus der Flachspflanze.

MAIS: Eine Getreidepflanze aus Mittelamerika, auch Zuckermais genannt.

METEORIT: Metallstück oder Gestein, das aus dem Weltall auf die Erde gefallen ist.

MUMIE: Natürlich oder künstlich konservierter Leichnam eines Menschen oder Tieres.

MYTHOLOGIE: Die gesammelten Sagen/ Geschichten eines Volkes.

NOMADISCH: Nicht-sesshafte Lebensweise von Menschen, die nicht an einem festen Ort wohnen und, meist um ihr Vieh weiden zu können, von Gegend zu Gegend ziehen.

OPFERGABEN: Dinge wie Lebensmittel, Tieropfer oder Figuren, die als Geschenke für die Toten, Götter oder Göttinnen mit in Gräber, Tempel und Schreine gegeben werden.

PERGAMENT: Eine frühe Form von Papier aus der Haut von Tieren, die in der Antike und im Mittelalter verwendet wurde.

PERMAFROST: Dauerfrostboden, der das ganze Jahr über gefroren ist.

RADIOKARBONDATIERUNG: Wissenschaftliche Methode zur Bestimmung des Alters organischer Objekte wie z. B. Knochen oder Holz.

REICH: Gruppe von Ländern oder Staaten unter der Herrschaft einer einzigen Person oder eines einzigen Staates, auch Imperium genannt.

REVOLUTIONÄR: Eine ganz neue und ganz andere Art, etwas zu tun.

RÖMISCHES REICH: Mächtiges, von Rom begründetes Weltreich, dauerte von 27 v. Chr.–476 n. Chr.

SEELE: Nicht sichtbarer Teil eines Menschen, der nach dem Glauben einiger Menschen und Religionen nach dem Tod weiterlebt.

STEINBRUCH: Eine große Grube im Boden, in der Steine oder andere nützliche Materialien abgebaut werden.

STEPPE: Die weiten Ebenen und Grasflächen Sibiriens.

TORSO: Brustkorb, Rücken und Unterleib des menschlichen Körpers.

TOTENMASKE: Eine Maske, die über das Gesicht eines präparierten Körpers gelegt wird; oft reich verziert und aus kostbaren Materialien hergestellt.

USCHEBTI: Kleine Statuen, die in den altägyptischen Gräbern aufgestellt wurden und oft wie Mumien geformt sind.

VERWESUNG: Prozess, bei dem die weichen Teile des Körpers nach dem Tod zerfallen und verrotten.

VIKTORIANISCH: Regierungszeit von Königin Victoria: 1836-1901.

WEICHGEWEBE: Die Teile des Körpers, die Knochen und Zähne umgeben, wie die Haut, die inneren Organen, Muskeln, Sehnen, Bänder, Nerven, Fett und Blutgefäße.

WEIHRAUCH: Räucherwerk, das verbrannt wird, um einen angenehmen Geruch zu verbreiten.

ZIVILISATION: Vielschichtige menschliche Gesellschaft, die baut, Handel treibt und ihre eigene Kunst, Kultur und Identität schafft.

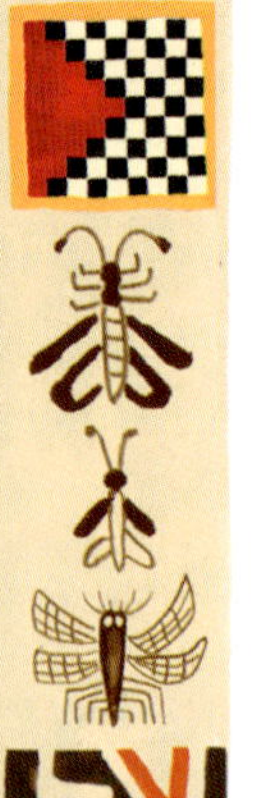

Register